初心

向共产党员张富清学习

《初心》编写组　编

主　编：唐卫彬
副主编：徐云清　李鹏翔

新　华　出　版　社

图书在版编目（CIP）数据

初心：向共产党员张富清学习 / 《初心》编写组编.
-- 北京：新华出版社, 2019.6（2025.2重印）
ISBN 978-7-5166-4690-8

Ⅰ. ①初…　Ⅱ. ①初…　Ⅲ. ①张富清－先进事迹
Ⅳ. ①D263

中国版本图书馆CIP数据核字(2019)第111515号

初心：向共产党员张富清学习
编　　者：《初心》编写组

选题策划：梁相斌　　**封面设计：**李尘工作室
责任编辑：贾允河　庆春雁　　**版式设计：**刘宝龙

出版发行：新华出版社
地　　址：北京石景山区京原路8号　　**邮　　编：**100040
网　　址：http://www.xinhuapub.com
经　　销：新华书店、新华出版社天猫旗舰店、京东旗舰店及各大网店
购书热线：010－63077122　　**中国新闻书店购书热线：**010－63072012

照　　排：六合方圆
印　　刷：大厂回族自治县众邦印务有限公司

成品尺寸：170mm×240mm　　**字　　数：**120千字
印　　张：11　　**彩　　插：**8
版　　次：2019年6月第一版　　**印　　次：**2025年2月第十四次印刷

书　　号：ISBN 978-7-5166-4690-8
定　　价：38.00元

共和国勋章

张富清

张富清，男，汉族，中共党员，1924 年 12 月生，陕西洋县人，中国建设银行湖北省来凤支行原副行长。他在解放战争的枪林弹雨中冲锋在前、浴血疆场、视死如归，多次荣立战功。1955 年，他转业后主动要求到湖北最偏远的来凤县工作，为贫困山区奉献一生。60 多年来，他深藏功名，埋头工作，连儿女对他的赫赫战功都不知情。荣立特等功一次、一等功三次、二等功一次、“战斗英雄”称号两次。

2019 年 9 月 17 日全国人民代表大会常务委员会授予张富清“共和国勋章”。

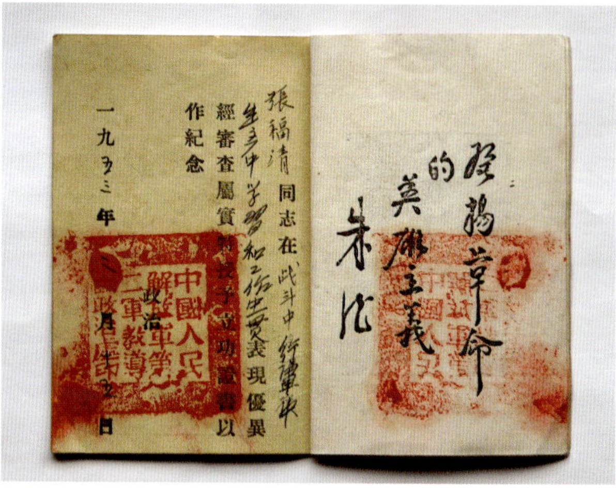

张富清的立功证书

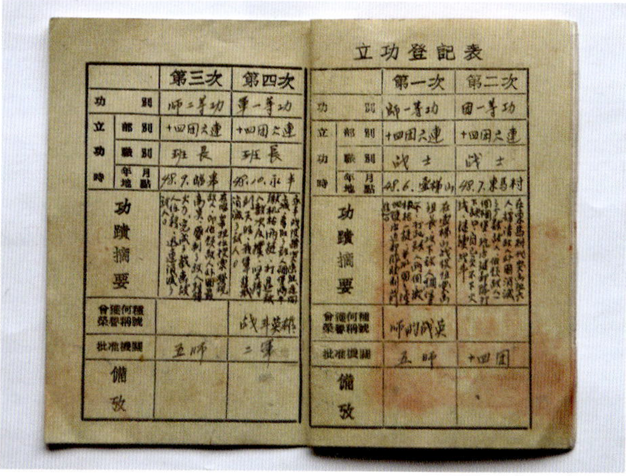

张富清的立功证书里记载的立功情况

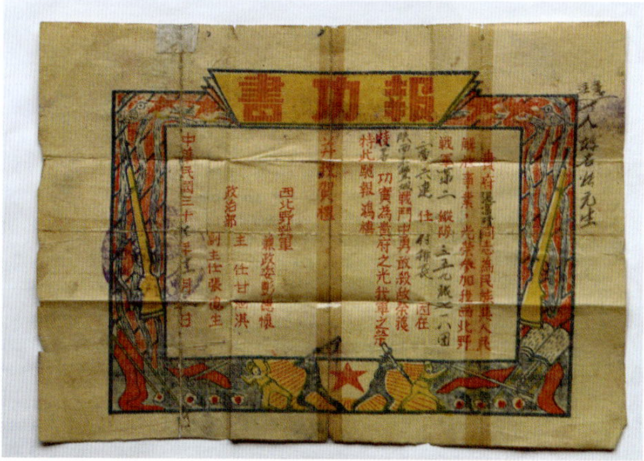

张富清当年的报功书

英雄的选择
——95岁老党员张富清的初心本色
新华社
XINHUA NEWS

张富清穿上旧式军装敬军礼　朱勇 摄

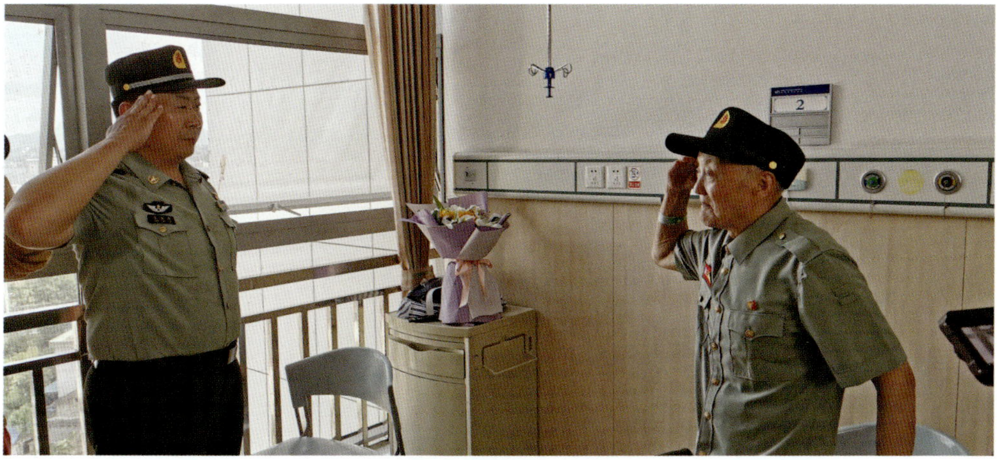

部队官兵向张富清敬礼　余国庆 摄

张富清抚摸着旧式
军装　朱勇 摄

张富清回忆当年的岁月

新华社湖北分社张富清事迹报道组成员在采访中　余国庆 摄

注：除署名外，本书所用照片均为新华社记者程敏摄。

目 录
CONTENTS

习近平对张富清同志先进事迹作出重要指示强调
积极弘扬奉献精神 凝聚起万众一心奋斗新时代的强大力量…………………… 1
习近平会见全国退役军人工作会议代表………………………………………… 3

中宣部授予张富清"时代楷模"称号……………………………………………… 5
中共中央关于授予张富清同志"全国优秀共产党员"称号的决定…………… 7
中央组织部 中央宣传部 退役军人事务部 中央军委政治工作部
印发《关于开展向张富清同志学习的通知》………………………………… 10
中共湖北省委关于认真贯彻习近平总书记重要指示精神
广泛开展向张富清同志学习的通知…………………………………………… 13

不忘初心 牢记使命

锻造领航复兴的中流砥柱
——写在"不忘初心、牢记使命"主题教育即将启动之际 ………… 18
激发共产党人奋勇前进的根本动力
——论学习贯彻习近平总书记在"不忘初心、牢记使命"
主题教育工作会议重要讲话精神 …………………………………… 27

坚守初心不忘本…………………………………………………………… 30
——二论学习贯彻习近平总书记在“不忘初心、牢记使命”
主题教育工作会议重要讲话精神 ………………………………… 30
勇担使命敢作为
——三论学习贯彻习近平总书记在“不忘初心、牢记使命”
主题教育工作会议重要讲话精神 ………………………………… 33
找准差距抓整改
——四论学习贯彻习近平总书记在“不忘初心、牢记使命”
主题教育工作会议重要讲话精神 ………………………………… 35
狠抓落实见行动
——五论学习贯彻习近平总书记在“不忘初心、牢记使命”
主题教育工作会议重要讲话精神 ………………………………… 38

初心本色 英雄无言

英雄无言
——95 岁老党员张富清的本色人生 …………………………… 42
您一哭，我们的心也跟着落泪了……………………………………… 62
甘于归零、敢于归零，方显英雄本色………………………………… 67
英雄的选择
——95 岁老党员张富清的初心本色 …………………………… 69
以“无我”之境写就“大我”人生………………………………………… 94
有一种信仰，让我们忍不住流泪……………………………………… 96
初心不改：从甘祖昌到张富清………………………………………… 101
两封电报
——张富清的英雄人生之一 ……………………………………… 104

爱情的原色
——张富清的英雄人生之二 …… 107
搪瓷缸
——张富清的英雄人生之三 …… 112
88 岁，突击队员再冲锋
——张富清的英雄人生之四 …… 115
锁药记
——张富清的英雄人生之五 …… 118

致敬英雄　榜样力量

中国建设银行关于开展向张富清同志学习活动的通知 …… 122
新时代，致敬英雄
——一论学习张富清精神 …… 126
坚守共产党人的精神高地
——二论学习张富清同志忠诚担当、不忘初心的党员本色 …… 129
奋斗汇聚新时代建行力量
——三论学习张富清不畏艰难、矢志奋斗的拼搏意志 …… 132
在无私奉献中实现人生价值
——四论学习张富清胸怀大局、不计得失的奉献精神 …… 135
功而不傲的从容令人仰止
——五论学习张富清同志深藏功名、居功不傲的谦和风骨 …… 138
书写无愧于时代的精彩画卷
——六论学习张富清同志淡泊名利、乐观朴实的人生态度 …… 141
坚守初心　奋力书写精彩人生
——张富清先进事迹在解放军和武警部队引起强烈反响 …… 144

视频再现 至真至情

为了曾经的誓言——95 岁老党员英雄本色 …………………………………… 148
英雄无言——95 岁老党员张富清的本色人生 ……………………………… 148
为党为人民我可以牺牲一切……………………………………………………… 149
这里苦，这里累，党员不来哪个来……………………………………………… 149
坚决听党的话，党叫做啥就做啥………………………………………………… 150
老英雄是这样被发现的…………………………………………………………… 150
难忘永丰那一夜…………………………………………………………………… 151
“我就用最便宜的，不能给组织添麻烦”……………………………………… 151
搪瓷缸……………………………………………………………………………… 152
88 岁站起来 ……………………………………………………………………… 152
老兵的军礼——写给父亲张富清的诗…………………………………………… 153
初心，从未改变…………………………………………………………………… 153
初心永恒…………………………………………………………………………… 154

感人话语 至真至纯

张富清话语摘录…………………………………………………………………… 156

践行“四力” 推动典型人物报道的探索创新（代后记）
——《英雄无言》采写手记 ……………………………………………………… 161

习近平对张富清同志先进事迹作出重要指示强调

积极弘扬奉献精神
凝聚起万众一心奋斗新时代的强大力量

中共中央总书记、国家主席、中央军委主席习近平近日对张富清同志先进事迹作出重要指示强调，老英雄张富清60多年深藏功名，一辈子坚守初心、不改本色，事迹感人。在部队，他保家卫国；到地方，他为民造福。他用自己的朴实纯粹、淡泊名利书写了精彩人生，是广大部队官兵和退役军人学习的榜样。要积极弘扬奉献精神，凝聚起万众一心奋斗新时代的强大力量。

今年95岁的老党员张富清是原西北野战军359旅718团2营6连战士，在解放战争的枪林弹雨中九死一生，先后荣立一等功三次、二等功一次，被西北野战军记“特等功”，两次获得“战斗英雄”荣誉称号。1955年，张富清退役转业，主动选择到湖北省最偏远的来凤县工作，为贫困山区奉献一生。60多年来，张富清刻意尘封功绩，连儿女也不知情。2018年底，在退役军人信息采集中，张富清的事迹被发现，这段英雄往事重现在人们面前。

（新华社北京5月24日电）

习近平会见全国退役军人工作会议代表

中共中央总书记、国家主席、中央军委主席习近平26日在京会见全国退役军人工作会议全体代表，向他们表示诚挚的问候，勉励他们不忘初心、牢记使命，奋力开创我国退役军人工作新局面。

中共中央政治局常委、国务院总理李克强，中共中央政治局常委、中央书记处书记王沪宁参加会见。

上午11时，习近平等来到京西宾馆会议楼前厅，全场响起热烈掌声。习近平等同代表们亲切握手，代表们纷纷向总书记问好。看到94岁的老英雄张富清，习近平总书记俯下身，双手紧握住老人的手，同他亲切交谈并致以诚挚问候。随后，习近平等同大家合影留念。

中共中央政治局委员、国务院副总理孙春兰参加会见并在全国退役军人工作会议上讲话。她说，要深入贯彻习近平总书记关于退役军人工作重要论述，坚持党对退役军人工作的集中统一领导，继承优良传统，注重改革创新，着力完善政策法规，加强基层基础和干部队伍建设，做好就业安置、优待褒扬、权益维护、服务管理等工作，切实把广大退役军人工作和生活保障好，激励他们为改革发展和社会稳定作出积极贡献。

会议表彰了401名全国模范退役军人、91个全国退役军人工作模范单位和76名全国退役军人工作模范个人。

丁薛祥、张又侠、陈希、郭声琨、黄坤明、肖捷、赵克志参加会见，中央军委委员苗华参加会见并出席第一次全体会议。

（新华社北京7月26日电）

中宣部授予张富清“时代楷模”称号

为贯彻落实习近平总书记重要指示精神，中央宣传部在湖北省来凤县向全社会公开发布张富清的先进事迹，授予他“时代楷模”称号。

习近平总书记对张富清同志的先进事迹作出重要指示强调，老英雄张富清60多年深藏功名，一辈子坚守初心、不改本色，事迹感人。在部队，他保家卫国；到地方，他为民造福。他用自己的朴实纯粹、淡泊名利书写了精彩人生，是广大部队官兵和退役军人学习的榜样。要积极弘扬奉献精神，凝聚起万众一心奋斗新时代的强大力量。

张富清是原西北野战军359旅718团2营6连战士，在解放战争的枪林弹雨中九死一生，先后荣立一等功三次、二等功一次，被西北野战军记“特等功”，两次获得“战斗英雄”荣誉称号。1955年，张富清退役转业到湖北省最偏远的来凤县工作，为贫困山区奉献一生。张富清的先进事迹，充分彰显了共产党人坚守初心、不改本色的政治品格，有力弘扬了淡泊名利、无私奉献的崇高精神。

近一段时间以来，张富清的先进事迹经新闻媒体广泛报道后，在全社会引起强烈反响，广大干部群众特别是基层党员干部通过多种方式，表达对他的由衷敬佩。大家认为，他的先进事迹体现了对党忠诚、为国奉献、甘于奉献、淡泊名利的崇高精神，生动诠释了一名共产党员坚守初心、不改本色的高贵品质，不愧为全社会学习的榜样，不愧为时代的楷模。大家表示，要积极响应习近平总书记号召，以张富清为榜样，积极弘扬奉献精神，不忘初心、牢记使命，淡泊名利、砥砺前行，努力做新时代的奋斗者，以优异成绩向新中国70周年华诞献礼，为实现中华民族伟大复兴的中国梦作出更大贡献。

“时代楷模”发布仪式在湖北省来凤县举行，现场宣读了《中共中央宣传部关于授予张富清同志“时代楷模”称号的决定》，播放了反映张富清先进事迹的电视片。发布单位有关负责同志，“时代楷模”张富清的亲友、同事及社会各界代表等参加。

（新华社武汉6月17日电）

中共中央关于授予张富清同志“全国优秀共产党员”称号的决定

（2019年6月27日）

2019年4月21日，习近平总书记对中国建设银行湖北省分行来凤支行离休干部张富清同志先进事迹作出重要指示强调，老英雄张富清60多年深藏功名，一辈子坚守初心、不改本色，事迹感人。在部队，他保家卫国；到地方，他为民造福。他用自己的朴实纯粹、淡泊名利书写了精彩人生，是广大部队官兵和退役军人学习的榜样。要积极弘扬奉献精神，凝聚起万众一心奋斗新时代的强大力量。

为深入学习贯彻习近平总书记重要指示精神，表彰先进、弘扬正气，激励和引导广大党员、干部、部队官兵和退役军人不忘初心、牢记使命，见贤思齐、矢志奉献，党中央决定，授予张富清同志“全国优秀共产党员”称号。

张富清，男，汉族，1924年12月出生，陕西洋县人，1948年3月参加中国人民解放军，1948年8月加入中国共产党，1955年1月转业到湖北省恩施土家族苗族自治州来凤县，先后在城关粮油所、县粮食局、县纺织公司、三胡区、卯洞公社、县外贸局、县建设银行工作，1984年12月离休。张富清同志在解放大西北系列战斗中英勇善战、舍生忘死，荣立西北野战军特等功一次、军一等功一次、师一等功一次、师二等功一次和团一等功一次，并被授予军“战斗英雄”称号、师“战斗英雄”称号和“人民功臣”奖章。

张富清同志是始终践行共产主义崇高理想的优秀党员，是新时代中国共产党人不忘初心、牢记使命、永远奋斗的光辉典范，是广大党员、干部、部队官兵和退役军人学习的榜样。他对党的事业无限忠诚，在革命战争年代冲锋陷阵、不怕牺牲，在祖国建设时期坚决服从组织安排，扎根偏远落后贫困山区，用持之以恒的坚守，践行一名共产党员“随时准备为党和人民牺牲一切”的初心和誓言。他转业后深藏功名60余年，除向组织如实填报个人情况外，从未对身边人说起过赫赫战功，更不以此为资本向组织提要求、要待遇。他数十年如一日甘于奉献、勇挑重担，不讲条件、不计得失，一心一意干好每件工作，以满腔热情在艰苦环境中尽职尽责、苦干实干。他虽然家中曾遭遇困难，但始终严于律己，艰苦朴素无所求，从不利用职务之便为亲属谋利，赢得了党员群众的广泛赞誉。

党中央号召，广大党员、干部、部队官兵和退役军人都要向张富清同志学习。要像张富清同志那样坚守初心、对党忠诚，不论处于哪个时代、身在哪个岗位，始终保持崇高信仰，坚决听党话、永远跟党走，自觉用习近平新时代中国特色社会主义思想武装头脑，真正做到“党指到哪儿，就打到哪儿”，“党需要我到哪里去，我就到哪里去”。要像张富清同志那样淡泊名利、甘于奉献，始终保持一份朴实纯粹，做到计利国家、无私忘我，在祖国最需要的地方艰苦奋斗、建功立业，在平凡的岗位上苦干实干、创造实绩。要像张富清同志那样恪尽职守、担当使命，干一行爱一行，勇挑最重的担子，敢啃最硬的骨头，在关键时刻和危急关头豁得出、顶得上，把革命理想信念化为行动的力量。要像张富清同志那样一辈子清廉自守、克己奉公，清清白白做人、干干净净做事，自觉践行共产党人价值观，始终保持共产党人的政治本色。

各级党组织要把学习张富清同志先进事迹与深入学习贯彻习近平新时代中国特色社会主义思想和党的十九大精神结合起来，作为“不忘初心、牢记使命”主题教育重要内容，采取多种形式学习英雄、宣传英雄。要引导广大党员、干部、部队官兵和退役军人以英雄人物为榜样，坚定理想信念，提高政治觉悟，真抓实干、开拓进取，知重负重、攻坚克难，更加紧密地团结在以习近平同志为核心的党中央周围，为决胜全面建成小康社会、夺取新时代中国特色社会主义伟大胜利、实现中华民族伟大复兴的中国梦作出更大贡献。

中央组织部　中央宣传部 退役军人事务部　中央军委政治工作部 印发《关于开展向张富清同志学习的通知》

为认真学习贯彻习近平总书记重要指示精神，经中央领导同志同意，近日，中央组织部、中央宣传部、退役军人事务部、中央军委政治工作部联合印发《关于开展向张富清同志学习的通知》。

通知指出，习近平总书记的重要指示，充分肯定了张富清同志先进事迹，深刻指出了新时代共产党人应当具备的思想品质和精神境界，充分体现了党中央对先进英模人物的尊崇褒奖和关心关爱，饱含着对广大党员、干部、部队官兵和退役军人不忘初心、牢记使命、履职尽责、矢志奉献的殷切期望。

通知指出，张富清同志是始终践行共产主义崇高理想的优秀党员，是新时代中国共产党人不忘初心、牢记使命、永远奋斗的光辉典范，是广大党员、干部、部队官兵和退役军人学习的榜样。广大党员、干部、部队官兵和退役军人都要向张富清同志学习。学习他坚守初心、对党忠诚的政治品格，始终保持崇高信仰，坚决听党话、永远跟党走，自觉用习近平新时代中国特色社会主义思想武装头脑，真正做到“党指到哪儿，就打到哪儿”，“党需要我到哪里去，我就到哪里去”；学习他淡泊名利、甘于奉献的精神品质，始终保持一份朴实纯粹，做到计利国家、无私忘我，在祖国最需要的地方艰苦奋斗、建功立业，在平凡的岗位上苦干实干、创造实绩；学习他恪尽职守、担当使命的务实作风，干一行爱一行，勇挑最重的担子，敢啃最硬的骨头，在关键时刻和危急关头豁得出、顶得上，把革命理想信念化为行动的力量；学习他一辈子清廉自守、克己奉公的高尚情操，清清白白做人、干干净净做事，自觉践行共产党人价值观，始终保持共产党人的政治本色。

通知要求，各级党组织要把张富清同志先进事迹作为开展“不忘初心、牢记使命”主题教育的鲜活教材，结合新中国成立70周年庆祝活动，精心组织安排，教育激励广大党员、干部、部队官兵和退役军人坚定理想信念，提高政治素质，真抓实干、开拓进取，知重负重、攻坚克难，保持只争朝夕、奋发有为的奋斗姿态和越是艰险越向前的斗争精神，努力做合格党员、当时代先锋、创优秀业绩、为人民造福。

通知强调，各级党委（党组）理论学习中心组要深入学习贯彻习近平总书记重要指示精神，各级领导干部要带头学习张富清同志先进事迹，主动把自己摆进去，把职责摆进去，联系思想实际，检视自身差距，不断提高党性修养，改进工作作风，勇于担当作为，努力创造经得起实践、人民、历史检验的实绩。基层党组织要依托“三会一课”、主题党日等，组织党员开展专题学习交流，教育引导党员以先进典型为标杆，学先进、赶先进、争先进，在干好本职工作、服务奉献社会等方面发挥先锋模范作用。各级退役军人事务部门要结合开展“向英雄模范致敬”活动，组织退役军人代表参加座谈会、谈学习体会，鼓励广大退役军人以张富清同志为榜样，做到离军不离党、退役不褪色。解放军和武警部队要将学习张富清同志先进事迹纳入“传承红色基因、担当强军重任”主题教育，讲英雄故事，学优良传统，深入开展“我奋斗、我精彩”岗位建功活动，激励广大官兵坚定爱党报国情怀，争当“四有”新时代革命军人，自觉投身强军事业，奉献强军时代。

（新华社北京7月2日电）

中共湖北省委关于认真贯彻习近平总书记重要指示精神广泛开展向张富清同志学习的通知

各市、州、县委，省军区党委，省委各部委，省级国家机关各委办厅局党组（党委），各人民团体党组：

近日，习近平总书记对张富清同志先进事迹作出重要指示强调，老英雄张富清60多年深藏功名，一辈子坚守初心、不改本色，事迹感人。在部队，他保家卫国；到地方，他为民造福。他用自己的朴实纯粹、淡泊名利书写了精彩人生，是广大部队官兵和退役军人学习的榜样。要积极弘扬奉献精神，凝聚起万众一心奋斗新时代的强大力量。

为深入学习贯彻习近平总书记重要指示精神，认真学习张富清同志先进事迹，现就有关事项通知如下。

一、深刻领会习近平总书记重要指示的重大意义

习近平总书记的重要指示，充分肯定了张富清同志的先进事迹，

深刻指出了新时代党员干部应当具备的政治品格和精神境界。当前，全省上下在习近平新时代中国特色社会主义思想指引下，全力以赴打好三大攻坚战，扎实推进高质量发展，奋力冲刺全面建成小康社会目标。实现这个目标，关键在党、关键在人，关键在各级领导班子和领导干部团结带领广大党员群众努力奋斗。全省各级党组织和广大党员干部要认真学习领会习近平总书记重要指示精神，深入学习张富清同志对党忠诚、不忘初心的革命本色，胸怀大局、矢志奉献的政治品格，淡泊名利、深藏功名的高尚情操，克己奉公、廉洁无私的敬业精神，艰苦奋斗、乐观向上的人生态度，汲取榜样的精神力量，不忘初心，担当使命，砥砺前行，奋力谱写新时代湖北高质量发展新篇章，以优异成绩庆祝中华人民共和国成立 70 周年。

二、广泛学习张富清同志先进事迹

各地各部门各单位要深入贯彻落实习近平总书记关于张富清同志先进事迹的重要指示精神，把张富清同志先进事迹作为坚守初心为人民的生动教材、担当使命促发展的精神动力、对照检查找差距的身边标杆，开展“学习英雄张富清、坚守初心担使命”活动，把向张富清同志学习活动引向深入。6 月底前，各级领导班子要采取党委（党组）会议、理论学习中心组学习等方式，开展集中学习研讨。要认真组织好张富清同志先进事迹报告会，在全省开展巡回宣讲。要组织有关单位，通过撰写报告文学、拍摄纪录片、编排戏剧等形式，全方位、立体式、多角度展现张富清同志的先进事迹。基层党组织要组织党员干部群众认真收看中央电视台“时代楷模”张富清同志先进事迹，在6月或7月党支部主题党日中，开展专题学习讨论。广大党员干部要对照习近平总书记重要指示精神，对照张富清同志先进事迹，联系思想工作实际，查找在理想信念、政治品质、党性修养方面的差距，查找在政绩观、权力观、地位观、利益观方面的不足，深刻检视剖析，有的放矢整改。检视剖析情况要列入专题民主生活会重要内容。各级退役军人事务部门要深入学习贯彻习近平总书记关于退役军人工作的重要论述，把学习张富清同志先进事迹与激励广大退役军人保持发扬人民军队光荣传统，永跟党走、建功立业结合起来，弘扬模范精神，凝聚强大力量。

在“不忘初心、牢记使命”主题教育中，要注重发挥湖北在革命、建设和改革时期涌现出来的革命先烈、英模人物和模范集体等示范引领作用，开展革命传统教育、形势政策教育、先进典型教育，引领广大党员干部寻初心、悟初心、守初心，选树一批先进集体和个人，形成学先进、当先进的良好风尚。

三、加强组织领导

各地各部门各单位要把“学习英雄张富清、坚守初心担使命”活动作为开展主题教育的重要内容，高度重视，精心组织，贯穿主题教育全过程。要加强宣传引导，深入宣传解读习近平总书记重要指示精神的内涵和意义，充分展现张富清同志先进事迹，广泛宣传各地各部门各单位学习活动进展情况和涌现出来的先进典型，让习近平总书记重要指示精神深入人心，张富清同志的先进事迹在荆楚大地弘扬，激励新时代湖北各项事业发展。要坚持知行合一，把学习活动与打好三大攻坚战、推动高质量发展结合起来，教育引导广大党员干部立足行业特点和岗位实际，锤炼忠诚干净担当的政治品格，以经济社会发展和人民生活改善的实际成效，回应老英雄的期待，告慰革命先烈，向习近平总书记、向党和人民交上合格答卷。

中共湖北省委

2019 年 6 月 16 日

不忘初心　牢记使命

锻造领航复兴的中流砥柱

——写在“不忘初心、牢记使命”主题教育即将启动之际

走过百年风雨，因初心不改而朝气蓬勃；

迈向伟大复兴，因矢志不渝而一往无前。

根据党的十九大部署，近日召开的中共中央政治局会议决定，从今年6月开始，在全党自上而下分两批开展“不忘初心、牢记使命”主题教育。

以习近平新时代中国特色社会主义思想和党的十九大精神为指引，成立98年、执政70年的世界最大执政党，重温初心、抖擞精神，担当使命、砥砺作为，凝聚起奋进新时代的磅礴力量。

百年大党的精神密码

战争年代，为了民族解放，他英勇无畏，冒着枪林弹雨，立下赫赫战功；革命成功，为了祖国建设，他扎根偏远山区，深藏功名，奉

献一生……

原西北野战军战士、老英雄张富清的事迹，感动了无数人。一位95岁的老党员，为什么能历经岁月而不改本色，甘于平凡而奉献终生？正是因为那份赤子之心。

一个人如此，一个政党也是如此。

“一切向前走，都不能忘记走过的路；走得再远、走到再光辉的未来，也不能忘记走过的过去，不能忘记为什么出发。”

不忘初心、继续前进——走过无数苦难与辉煌，诞生近百年的中国共产党得出这样一条宝贵经验。

这是回望历史的深刻总结——中国共产党自诞生之日起就把为人民谋幸福、为民族谋复兴扛在肩头，初心不改，历尽艰辛，带领中国人民实现了从站起来到富起来再到强起来的伟大飞跃。

这是面向未来的郑重宣示——面对新使命新任务新挑战，中国共产党仍须保持建党时的奋斗精神，保持对人民的赤子之心，担当起引领复兴伟业的历史重任，在新的赶考中交出更加优异的答卷。

2017年10月，在中国共产党历史上具有划时代意义的第十九次全国代表大会上，“不忘初心，牢记使命”成为鲜明主题。

“中国共产党人的初心和使命，就是为中国人民谋幸福，为中华民族谋复兴。这个初心和使命是激励中国共产党人不断前进的根本动力。”习近平总书记深刻阐明了初心和使命的内涵和意义。

致力非凡之事业，定有非凡之精神、非凡之担当。

在擘画决胜全面建成小康社会、建设社会主义现代化强国宏伟蓝图的同时，党的十九大作出重大部署：

“以县处级以上领导干部为重点，在全党开展‘不忘初心、牢记使命’主题教育，用党的创新理论武装头脑，推动全党更加自觉地为实现新时代党的历史使命不懈奋斗。”

以习近平同志为核心的党中央率先垂范，开启“初心之旅”。

——越是向前走，越要坚定理想信念。

党的十九大闭幕不久，习近平总书记带领新一届中共中央政治局常委赴上海瞻仰中共一大会址、赴浙江嘉兴瞻仰南湖红船，重回中国革命的原点，重温中国共产党人的初心。

“其作始也简，其将毕也必巨。”在瞻仰中，习近平总书记深情地说，“事业发展永无止境，共产党人的初心永远不能改变。唯有不忘初心，方可告慰历史、告慰先辈，方可赢得民心、赢得时代，方可善作善成、一往无前。”

——越是向前走，越要保持革命精神。

2018 年 1 月，在学习贯彻党的十九大精神研讨班开班式上，面对新一届中央委员会成员和省部级主要领导干部，习近平总书记谆谆告诫：

“不忘初心，牢记使命，就不要忘记我们是共产党人，我们是革命者，不要丧失了革命精神”“全党同志必须保持革命精神、革命斗志，勇于把我们党领导人民进行了 97 年的伟大社会革命继续推进下去”。

——越是向前走，越要牢记勿忘人民。

2018 年春节前夕，习近平总书记深入四川大凉山腹地考察，用脚步践行走遍全国所有深度贫困地区的承诺。

在村民家中，他再次以初心宣示决心：“我们党从诞生之日起，就以为民族求解放、为人民谋幸福为己任。让人民群众脱贫致富是共产党人始终不渝的奋斗目标。”“共产党给老百姓的承诺，一定要兑现！”

——越是向前走，越要激发担当作为。

今年3月1日，在中央党校（国家行政学院）中青年干部培训班开班式上，习近平总书记对党员干部殷切寄语：

“干部要把党的初心、党的使命铭刻于心，这样，人生奋斗才有更高的思想起点，才有不竭的精神动力。”“要用知重负重、攻坚克难的实际行动，诠释对党的忠诚、对人民的赤诚。”

……

自上而下的率先垂范，带动全党一致的不懈追求。

从航空报国、奋斗终生的罗阳，到守岛卫国、默默奉献的王继才，从扑下身子、苦干实干的廖俊波，到心有大我、至诚报国的黄大年，从太行山上的新愚公李保国，到雪域高原播种者钟扬……一个个优秀共产党员，以生命赴使命、用热血写忠诚，践行着不忘初心的铮铮誓言。

纪念红军长征胜利80周年，纪念马克思诞辰200周年，纪念改革开放40周年，纪念五四运动100周年……中国共产党在一次次对历史的深情回顾和对经验的深刻总结中，汲取着继续前进的智慧和力量。

一以贯之的精神洗礼

3月20日下午，青海省委党校小礼堂内座无虚席，一场题为“青藏公路之父慕生忠开路精神”的党课在此举行。

高原雪山和黑白老照片的背景中，海西州委党校高级教师白继红和同事们演绎着新中国成立之初共产党人的“开路故事”。当台上的“筑路工人”挥动大锤、相互鼓劲“死，也要头朝拉萨”时，台下的党员干部无不眼眶泛红、心潮激荡。

一场创新的党课宣讲，一次震撼的精神洗礼。

这是党的十八大以来，在全体党员中开展“两学一做”学习教育、鼓励党员干部勇于担当作为的一个剪影。

开展集中教育是中国共产党加强自身建设的重要措施。从延安时期的整风运动，到20世纪80年代在全党分期分批开展的全面整党，从20世纪90年代的“讲学习、讲政治、讲正气”党性党风教育，再到新世纪以来保持共产党员先进性教育活动、深入学习实践科学发展观活动……

我们党在领导革命、建设、改革的实践中，总是坚持根据形势和任务的新变化、时代发展对党的建设的新要求，在全党开展集中教育，不断夯实党的执政基础、提升党的战斗力量。

党的十八大以来，党内集中教育这个优良传统，又有了新的传承和发展——

2013年6月至2014年10月，以县处级以上领导机关、领导班子和领导干部为重点，中央政治局带头，全党深入开展以为民务实清廉为主要内容的党的群众路线教育实践活动；

2015年4月至2016年2月，开展“三严三实”专题教育，1.8万名县级以上党委（党组）书记带头讲专题党课，对党员干部在思想、作风、党性上又一次集中“补钙”“加油”；

2016年2月以来，在全体党员中开展“学党章党规、学系列讲话，做合格党员”学习教育并将其常态化制度化，进一步解决党员队伍在思想、组织、作风、纪律等方面存在的问题，推动全面从严治党向基层延伸……

“‘欲事立，须是心立’。加强思想教育和理论武装，是党内政治生活的首要任务，是保证全党步调一致的前提。”在党的十八届六中全会上，习近平总书记深刻指出。

从思想建党入手，我们党抓住思想教育这个根本，通过一次次集中教育，始终保持党的先进性和纯洁性，不断增强党自我净化自我完善自我革新自我提高能力。

党的群众路线教育实践活动聚焦作风建设，集中解决一段时间以来党内突出存在的形式主义、官僚主义、享乐主义和奢靡之风“四风”问题。

“三严三实”专题教育聚焦县处级以上领导干部，在深化“四风”整治、巩固和拓展党的群众路线教育实践活动成果基础上，对领导干部修身做人、干事创业提出进一步要求。

“两学一做”学习教育定位为全面从严治党的基础性工程，推动党内教育从“关键少数”向广大党员拓展、从集中性教育向经常性教育延伸。

一个勇于自我净化、自我革命的政党，才能永葆先锋本色；

一个始终不忘初心、牢记使命的政党，必将挺立时代潮头。

5月7日，随着最后两个贫困县延川、宜川脱贫退出，革命圣地延安告别绝对贫困！一代代中国共产党人接续奋斗，终于领导老区人民过上幸福生活。

奇迹背后，离不开延安市1784名干部驻村担任第一书记扎根基层，1546个驻村工作队直插一线，3.74万名干部联户包扶攻坚克难……

“党的好作风又回来了！”历经数次党内集中教育的洗礼，党风政风为之一新，党心民心为之一振。

党内集中教育，推动党的自我革新。

政治建设上，全党“四个意识”更加牢固，“四个自信”更加坚定，“两个维护”更加自觉；思想建设上，习近平新时代中国特色社会主义思想深入人心，共产党人的精神支柱高高挺立；组织建设上，党员管理更加有力有效，基层组织活力迸发；制度建设上，一些好经验好做法固化为党内法规……

传承发展好党内集中教育这个优良传统，我们党必将不断提高党的建设质量，在各种风浪考验中朝气蓬勃、一往无前。

面向未来的自我革命

初夏时节，赣江两岸郁郁葱葱，欣欣向荣。

5月20日，习近平总书记来到中央红军长征集结出发地江西于都，深情缅怀当年那段峥嵘岁月：

“在中央苏区和长征途中，党和红军就是依靠坚定的理想信念和坚强的革命意志，一次次绝境重生，愈挫愈勇，最后取得了胜利，创造了难以置信的奇迹。”

回顾过去的艰难困苦，是为了坚定今天的理想信念，鼓舞全党不忘初心、牢记使命，不畏风雨、继续奋进。

今天，中华民族正处在“两个一百年”奋斗目标的历史交汇期，决胜全面建成小康社会的目标近在眼前，全面建设社会主义现代化国家新征程即将开启。越到关键时刻，越需要响鼓重锤。

环顾世界，和平与发展仍然是时代主题，同时不稳定性不确定性更加突出，逆全球化思潮正在发酵，保护主义的负面效应日益显现，“黑天鹅”“灰犀牛”不时冒头。越是面对百年未有之大变局，越需要保持定力，增强信心，集中精力办好自己的事情。

审视国内，经济转型升级仍处于爬坡过坎期，三大攻坚战仍需持续全面发力，发展面临的矛盾和问题发生深刻变化，各种风险挑战前所未有……越是在船到中流浪更急、人到半山路更陡的时候，越需要迎难而上。

历史使命越光荣，奋斗目标越宏伟，内外环境越复杂，越要增强忧患意识，越要加强党的建设。

中共中央政治局会议决定开展“不忘初心、牢记使命”主题教育，高瞻远瞩，正逢其时。

正如习近平总书记所指出的，“新中国成立 70 周年，是进行‘不忘初心，牢记使命’教育的最好时间节点。”

对于这次主题教育的具体开展，中共中央政治局会议作出了一系列部署——

明确总要求：守初心、担使命，找差距、抓落实；

指明根本任务：深入学习贯彻习近平新时代中国特色社会主义思

想，锤炼忠诚干净担当的政治品格，团结带领全国各族人民为实现伟大梦想共同奋斗；

提出五项目标：理论学习有收获、思想政治受洗礼、干事创业敢担当、为民服务解难题、清正廉洁作表率；

……

精雕细琢始得玉，千锤百炼方成钢。

通过“不忘初心、牢记使命”主题教育，全党上下必将开启一场新的自我革命，使全体党员干部永葆初心本色、永立时代潮头，锤炼忠诚干净担当的政治品格，锻造坚强自信团结的领航力量，带领全国各族人民继续朝着民族复兴的伟大梦想奋勇前进。

（新华社北京5月30日电 记者张晓松、朱基钗、林晖、罗争光）

激发共产党人奋勇前进的根本动力

——一论学习贯彻习近平总书记在“不忘初心、牢记使命”主题教育工作会议重要讲话精神

为中国人民谋幸福，为中华民族谋复兴，是中国共产党人的初心和使命，是激励一代代中国共产党人前赴后继、英勇奋斗的根本动力。5月31日，习近平总书记在“不忘初心、牢记使命”主题教育工作会议上发表重要讲话，深刻阐述开展主题教育的重大意义，深刻阐明主题教育的目标要求和重点措施，为开展好主题教育提供了根本指针。自觉把思想和行动统一到习近平总书记重要讲话精神上来，抓好贯彻落实，确保主题教育取得扎扎实实的成效，是全党当前的一项重要政治任务。

今年是中华人民共和国成立70周年，在这个时刻开展“不忘初心、牢记使命”主题教育，可谓正当其时。站在继往开来、再创辉煌的历史新起点上，开展这次主题教育，是用习近平新时代中国特色社会主义思想武装全党的迫切需要，是推进新时代党的建设的迫切需要，是

保持党同人民群众血肉联系的迫切需要，是实现党的十九大确定的目标任务的迫切需要。要提升政治站位，从党和国家事业发展全局出发，深刻认识到开展这次主题教育，是以习近平同志为核心的党中央统揽伟大斗争、伟大工程、伟大事业、伟大梦想作出的重大部署，对我们党不断进行自我革命、推进伟大社会革命，对实现“两个一百年”奋斗目标、实现中华民族伟大复兴的中国梦，具有十分重大的意义。

开展好“不忘初心、牢记使命”主题教育，必须牢牢把握守初心、担使命，找差距、抓落实的总要求。这一总要求，是根据新时代党的建设任务、针对党内存在的突出问题、结合这次主题教育的特点提出来的，具有很强的政治性、思想性、针对性、指导性。守初心，就是要牢记根本宗旨、坚定理想信念，时刻不忘我们党来自人民、根植人民，永远不能脱离群众、轻视群众、漠视群众疾苦；担使命，就是要牢记历史使命、勇于担当负责、积极主动作为、保持斗争精神，战胜前进道路上的一切艰难险阻；找差距，就是要对照党章党规，对照人民群众新期待，对照先进典型、身边榜样，坚持高标准、严要求，有的放矢进行整改；抓落实，就是要把初心使命变成党员干部锐意进取、开拓创新的精气神和埋头苦干、真抓实干的自觉行动，推动党的路线方针政策落地生根。这几个方面的要求是一个相互联系的整体，只有全面把握，将之贯穿主题教育全过程，才能把正方向、找准问题、抓到实处，确保取得预期效果。

开展好“不忘初心、牢记使命”主题教育，必须牢牢把握深入学习贯彻习近平新时代中国特色社会主义思想、锤炼忠诚干净担当的政治品格、团结带领全国各族人民为实现伟大梦想共同奋斗的根本任务，着力在解决突出问题上下真功、求实效。要坚持思想建党、理论强党，增强“四个意识”、坚定“四个自信”、做到“两个维护”，不断筑牢信仰之基、补足精神之钙、把稳思想之舵；要认真贯彻新时代党的建设总要求，奔着问题去，同一切影响党的先进性、弱化党的纯洁性的问题作坚决斗争；要把群众观点、群众路线深深植根于思想中、具体落实到行动上，着力解决群众最关心最现实的利益问题，筑牢党长期执政最可靠的阶级基础和群众根基；要教育引导广大党员干部发扬革命传统和优良作风，团结带领人民把党的十九大绘就的宏伟蓝图一步一步变为美好现实。

不忘初心再出发，牢记使命勇担当。广大党员干部在开展主题教育过程中，要结合实际、创造性开展工作，切实做到理论学习有收获、思想政治受洗礼、干事创业敢担当、为民服务解难题、清正廉洁作表率，肩负起新时代的历史使命，团结带领全国各族人民为实现伟大梦想而不懈奋斗。

（新华社北京6月1日电）

坚守初心不忘本

——二论学习贯彻习近平总书记在“不忘初心、牢记使命”主题教育工作会议重要讲话精神

核心提示：

不忘初心，方得始终。“守初心，就是要牢记全心全意为人民服务的根本宗旨，以坚定的理想信念坚守初心，牢记人民对美好生活的向往就是我们的奋斗目标”。在“不忘初心、牢记使命”主题教育工作会议上，习近平总书记深刻阐明“守初心”的核心内涵，对全党如何在思想上和行动上根植人民、服务人民，提出了明确要求，指明了前进方向。

不忘初心，方得始终。“守初心，就是要牢记全心全意为人民服务的根本宗旨，以坚定的理想信念坚守初心，牢记人民对美好生活的向往就是我们的奋斗目标”。在“不忘初心、牢记使命”主题教育工作会议上，习近平总书记深刻阐明“守初心”的核心内涵，对全党如

何在思想上和行动上根植人民、服务人民，提出了明确要求，指明了前进方向。

人民立场是我们党的根本政治立场，群众路线是我们党的生命线和根本工作路线。建党98年来，我们党始终与人民风雨同舟、生死与共，矢志不渝为人民谋幸福。树高千尺不忘根，人行万里不忘本，共产党人的根与本，就是人民群众。党只有始终与人民心连心、同呼吸、共命运，始终与人民群众保持血肉联系，才能做到安如泰山、坚如磐石，永远做中国人民和中华民族的主心骨。开展“不忘初心、牢记使命”主题教育，就是要继续教育引导广大党员干部自觉践行党的根本宗旨，把群众观点、群众路线内化于心、外化于行，不断增强人民群众对党的信任和信心，筑牢党长期执政最可靠的阶级基础和群众根基。

“欲事立，须是心立。”坚守初心、不忘人民，最根本的是要坚定对马克思主义的信仰、对中国特色社会主义的信念，自觉坚守人民立场，牢固树立以人民为中心的发展理念，增进同人民群众的感情，做到始终忠诚于党、忠诚于人民、忠诚于马克思主义。我们党来自人民、根植人民，党的各级干部都是人民的公仆、人民的勤务员，永远不能脱离群众、轻视群众、漠视群众疾苦。要学深悟透习近平新时代中国特色社会主义思想，深入学习习近平总书记关于群众路线的系列重要论述，保持敬民、忧民、爱民的赤子之心，自觉同人民想在一起、干在一起。

“政之所兴在顺民心，政之所废在逆民心。”检验我们一切工作的成效，最终都要看人民是否真正得到了实惠，人民生活是否真正得到了改善，人民权益是否真正得到了保障。坚守初心、不忘人民，关键是落实到行动上，扎扎实实为民服务解难题。要多谋民生之利、多解民生之忧，着力解决群众的操心事、烦心事，聚焦人民群众最关心的就业、教育、收入、医疗、养老、居住、环境等问题，在发展中补齐民生短板、促进社会公平正义，以为民谋利、为民尽责的实际成效取信于民，团结带领人民创造更加幸福美好的生活。

人心是最大的政治，人民是我们党执政的最大底气。开展这次主题教育，是全党扎根人民、造福人民的新起点。把人民放在心中最高位置，始终与人民心心相印、与人民同甘共苦、与人民团结奋斗，不断增强人民获得感、幸福感、安全感，共产党人的初心必将历久弥新，党和人民的事业必将更加蓬勃兴旺。

（新华社北京6月2日电）

勇担使命敢作为

——三论学习贯彻习近平总书记在“不忘初心、牢记使命”主题教育工作会议重要讲话精神

使命呼唤担当，担当成就未来。在“不忘初心、牢记使命”主题教育工作会议上，习近平总书记深刻指出：“担使命，就是要牢记我们党肩负的实现中华民族伟大复兴的历史使命，勇于担当负责，积极主动作为，保持斗争精神，敢于直面风险挑战。”总书记的谆谆教诲、殷切期待，为广大党员干部勇担使命、奋发有为注入强大动力。

敢于担当是中国共产党人的鲜明品格。从诞生之日起，我们党就以实现中华民族伟大复兴为己任，一代又一代共产党人前赴后继、英勇奋斗，书写了矢志不渝的历史担当。当前，国内外形势正在发生深刻复杂变化，我国发展仍处于重要战略机遇期，前景十分光明，挑战也十分严峻。战胜各种艰难险阻，夺取中国特色社会主义事业新胜利，更加需要广大党员干部牢记责任使命、勇于担当尽责，团结带领亿万人民砥砺奋进。

勇担使命、敢于作为，必须有强烈的担当精神。新中国成立70年来，国家之所以越来越富强、人民之所以越来越幸福，一个重要原因就在于无数党员干部以身作则、履职尽责，带领人民群众一起开拓进取、勇往直前。有多大担当才能干多大事业，尽多大责任才会有多大成就。面对复杂多变的国际环境和艰巨繁重的国内改革发展稳定任务，党员干部要有责任重于泰山的意识，坚持党的原则第一、党的事业第一、人民利益第一，保持永不懈怠的精神状态和一往无前的奋斗姿态，勇于挑最重的担子、啃最硬的骨头，干在实处、走在前列，创造无愧于党和人民的新业绩。

勇担使命、敢于作为，必须有顽强的斗争精神。惟其艰难，方显勇毅；惟其磨砺，始得玉成。实现中国梦的征途上，少不了风风雨雨、沟沟坎坎，什么时候都不要想象可以敲锣打鼓、顺顺当当实现奋斗目标。在新时代的新征程上，还有许多"雪山"、"草地"需要跨越，还有许多"娄山关"、"腊子口"需要征服。越是形势复杂、挑战严峻，我们越要以坚忍不拔的意志和无私无畏的勇气，投入具有许多新的历史特点的伟大斗争。面对大是大非要敢于亮剑，面对问题矛盾要迎难而上，面对风险危机要挺身而出，面对逆境挫折要愈战愈勇，锤炼破解难题、化解风险等斗争本领，用知重负重、攻坚克难的实际行动诠释使命担当，把责任担当体现到每一件任务、每一项职责、每一个岗位上，汇聚起无坚不摧的磅礴力量，战胜前进道路上的一切艰难险阻，取得民族复兴"接力跑"中我们这一棒的优异成绩。

（新华社北京6月3日电）

找准差距抓整改

——四论学习贯彻习近平总书记在“不忘初心、牢记使命”主题教育工作会议重要讲话精神

差距不找不明，问题不攻不破。“找差距，就是要对照新时代中国特色社会主义思想和党中央决策部署，对照党章党规，对照人民群众新期待，对照先进典型、身边榜样，坚持高标准、严要求，有的放矢进行整改。”在“不忘初心、牢记使命”主题教育工作会议上，习近平总书记提出了“四个对照”的明确要求，为广大党员干部找准差距、抓好整改指明了方向，为主题教育走深走实注入了动力。

“备预不虞，为国常道。”我们党是生于忧患、成长于忧患、壮大于忧患的政党。新形势下，我们党面临的“四大考验”、“四种危险”更加复杂严峻，肩负的改革发展稳定任务更加艰巨繁重。打铁必须自身硬，千锤百炼始成钢。在“不忘初心、牢记使命”主题教育中强调找差距、抓整改，就是要贯彻新时代党的建设总要求，增强忧患意识、

坚持问题导向，发扬刀刃向内的自我革命精神，同一切影响党的先进性、弱化党的纯洁性的问题作坚决斗争，努力把我们党建设得更加坚强有力。

找准差距抓整改，要坚持高标准、严要求。如何履职用权，如何做人处世，学习抓得怎么样，工作干得怎么样，要聚焦“四个对照”自觉对表对标，真正发现短板、找到不足。作为党员干部尤其是领导干部，要时常检视自己的思想和行动：看看对习近平新时代中国特色社会主义思想是不是学深悟透了，对党中央决策部署是不是落实到位了，距离党章党规的要求还有哪些不足，距离群众期待和典型榜样还有多大差距。要不断立根铸魂、见贤思齐、奋发进取，掸去思想上的灰尘，纠正行动上的偏差，永葆共产党人的政治本色，发挥好共产党员的先锋模范作用。

找准差距抓整改，要突出针对性、实效性。广大党员干部要把自己摆进去，把职责摆进去，把工作摆进去，开展好批评和自我批评，搞清楚问题是什么、症结在哪里，拿出破解难题的实招、硬招。要深入了解民情、掌握实情，通过广泛听取意见，认真检视反思，把问题找实、把根源挖深、把群众期待摸准，明确努力方向和改进举措。

找准差距抓整改，要把“改”字贯穿始终。改什么，怎么改，应围绕解决实际问题来谋划和实施。坚持具体问题具体分析，有的放矢进行整改，能够当下改的，要立查立改、即知即改，明确时限和要求，按期整改到位；一时解决不了的，要盯住不放，通过不断深化认识、增强自觉，明确阶段目标，持续整改。各地区各部门各单位要在深入查找差距的基础上，有针对性地列出需要整治的突出问题，一项一项进行专项整治，对整治中发现的违纪违法问题，要严肃查处、一抓到底，做到除弊治病、扶正祛邪。

（新华社北京6月4日电）

狠抓落实见行动

——五论学习贯彻习近平总书记在“不忘初心、牢记使命”主题教育工作会议重要讲话精神

“力戒形式主义、官僚主义，推动党的路线方针政策落地生根，推动解决人民群众反映强烈的突出问题”。在“不忘初心、牢记使命”主题教育工作会议上，习近平总书记着眼主题教育的目标任务，就如何“抓落实”提出明确要求，为开展好主题教育提供了重要遵循。

空谈误国，实干兴邦。抓落实、求实效，是我们党治国理政一以贯之的理念与行动，也是衡量主题教育成效的重要标尺。开展这次主题教育，是实现党的十九大确定的目标任务的迫切需要，是贯彻落实习近平新时代中国特色社会主义思想和党中央各项决策部署的必然要求。增强“四个意识”、坚定“四个自信”、做到“两个维护”，不能停留在口头上，而要体现到推进改革发展稳定和党的建设各项工作的实际行动中，把初心使命变成党员领导干部锐意进取、开拓创新的精气神和埋头苦干、真抓实干的自觉行动。要坚持围绕中心、服务大局，

把开展主题教育同贯彻落实党中央决策部署结合起来，同完成改革发展稳定各项任务结合起来，同做好稳增长、促改革、调结构、惠民生、防风险、保稳定各项工作结合起来，使党员领导干部焕发出来的热情转化为攻坚克难、干事创业的实际成效，推动党的路线方针政策落地生根。

抓落实重在抓问题，要把解决问题作为检验成效的试金石。要聚焦群众反映强烈的突出问题、制约本地区本部门本单位事业发展的重点难点问题，舍得下深入调研的苦功，把情况摸清楚，把症结分析透，梳理出问题清单，研究提出解决问题、改进工作的办法措施，逐条逐项落到实处。问题解决得好不好，措施落实得有没有效果，群众最有发言权。要积极回应群众关切，高度重视群众评价，避免自说自话、自弹自唱、自娱自乐，以为民谋利、为民尽责的实际成效赢得群众的认可。

作风过得硬，抓落实才会有力度，工作才能有作为。事实一再警示我们，形式主义、官僚主义是党和人民事业的大敌，必须大力整治并坚决克服。开展好这次主题教育，要把力戒形式主义、官僚主义作为重要原则，教育引导党员领导干部大力弘扬真抓实干作风。推进工作要实打实、硬碰硬，解决问题要雷厉风行、见底见效，真正把功夫下到出实招、办实事、求实效上，以实干者的精气神开创各项事业发展新局面。

共产党人最讲认真，讲认真就是要严字当头、实字着力。无论是守初心、担使命，还是找差距，最终都要落到“抓落实”上。抓好落实不可能一蹴而就，必须抓常抓长、久久为功。广大党员领导干部发扬钉钉子精神，狠抓落实不松劲，奋发有为不懈怠，就一定能创造经得起实践、人民、历史检验的实绩，确保主题教育取得扎扎实实的成效。

（新华社北京6月5日电）

初心本色　英雄无言

英雄无言

——95 岁老党员张富清的本色人生

71 年前，他是西北野战军的突击队员，冒着枪林弹雨，炸掉敌人四个碉堡，战功卓著，是董存瑞式的战斗英雄。

64 年前，他退役转业，主动选择到湖北省最偏远的来凤县工作，为贫穷山区奉献一生。从此，赫赫战功被他埋在心底，只字不提。

7 年前，他 88 岁，左腿截肢。为了不给组织添麻烦，更为了让子女“安心为党和人民工作”，装上假肢，顽强地站了起来。

现在，他 95 岁，仍然坚持学习。他说：“人离休了，政治上思想上绝不能离休。”

……

所有这些，只因他是一名共产党员。

他就是原西北野战军 359 旅 718 团 2 营 6 连战士张富清。

张富清回忆当年的岁月

（一）

2018 年 12 月 3 日，来凤县城。

来凤县委政法委干部张健全，小心翼翼地怀揣着一个包裹来到县人社局。彼时，县里正在按照上级统一安排，开展退役军人信息采集工作。

张健全带来的东西，是父亲张富清一生珍藏的宝贝。

“那是下午 5 点 20 分，我正准备下班。看到闪耀着光芒的勋章，我一下就被吸引住了。”对那天的情景，来凤县退役军人信息采集工作专班信息采集员聂海波记忆犹新。

在聂海波注视下，张健全郑重地一一取出包裹里的物品——

一本立功证书，记录着张富清在解放战争时立下的战功：立军一

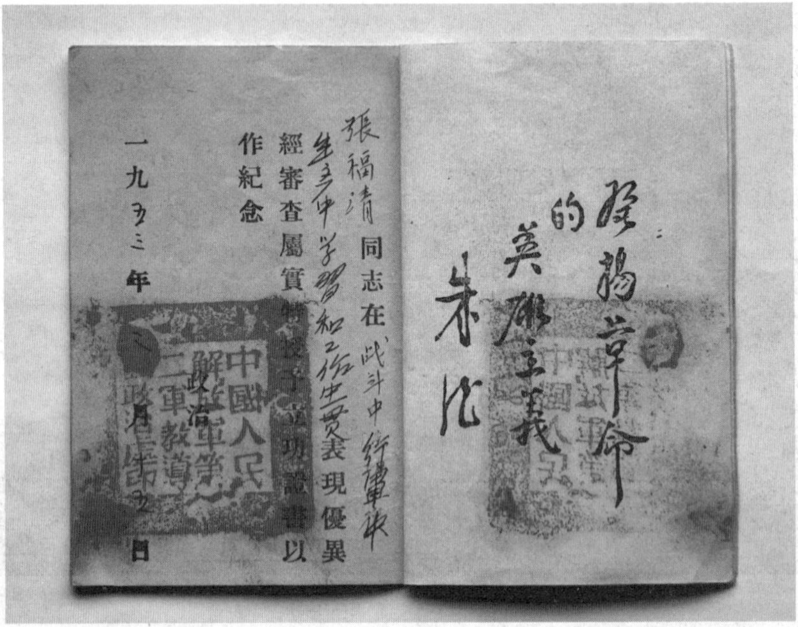

张富清的立功证书

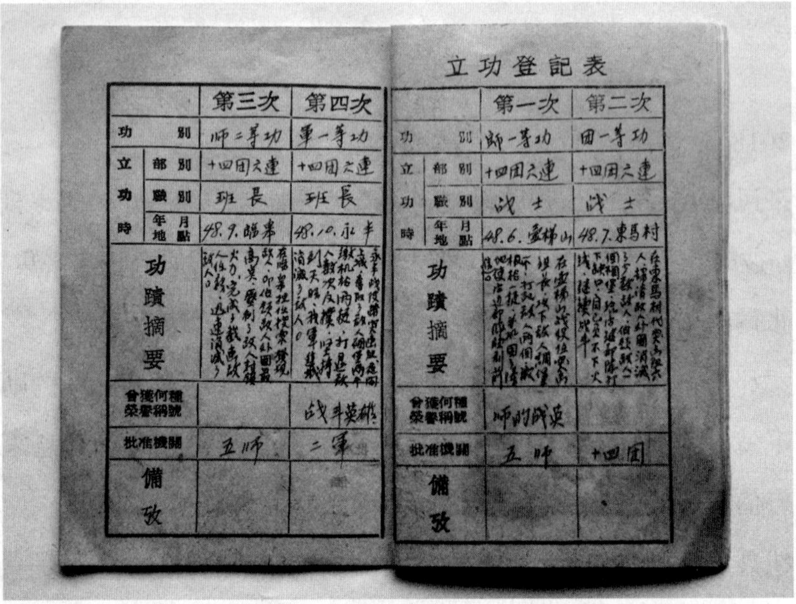

立功登記表

		第一次	第二次	第三次	第四次
功別		师一等功	团一等功	师二等功	軍一等功
立功時	部別	十四团六連	十四团六連	十四团六連	十四团六連
	職別	战士	战士	班長	班長
	年月地點	48.6.[illegible]	48.7.東馬村	48.9.[illegible]	48.10.[illegible]
功蹟摘要		[illegible]	[illegible]	[illegible]	[illegible]
曾獲何種榮譽稱號		[illegible]			战斗英雄
批准機關		五师	十四团	五师	二軍
備考					

张富清的立功证书里记载的立功情况

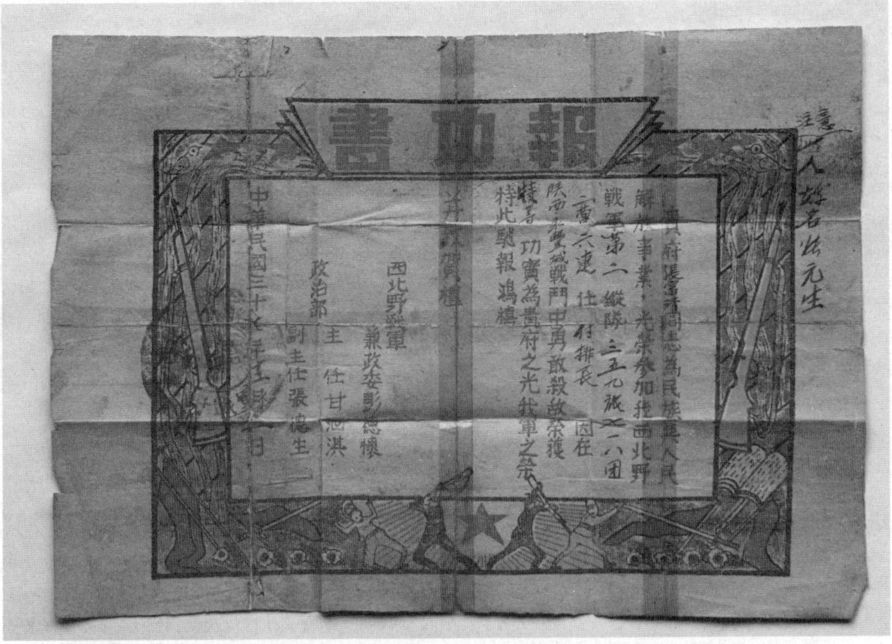

张富清当年的报功书

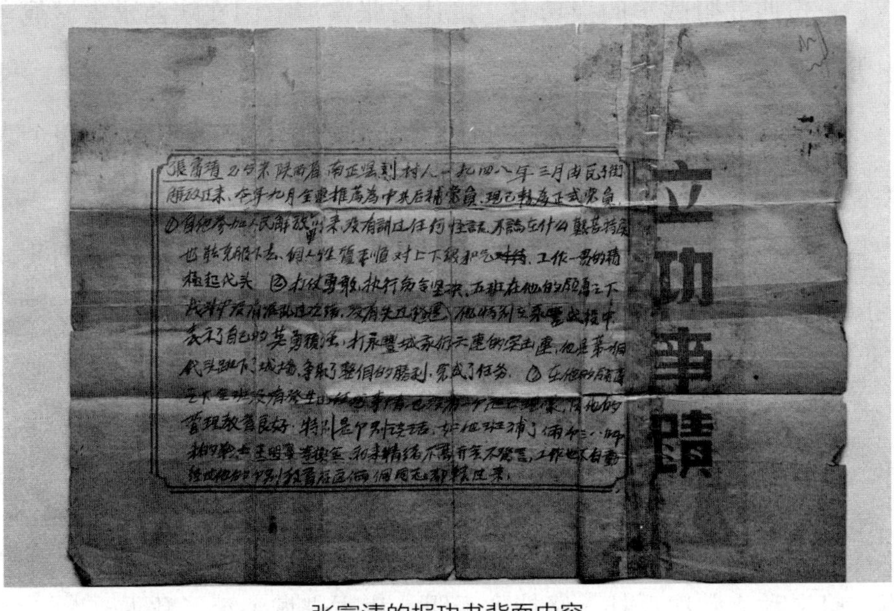

张富清的报功书背面内容

张富清获得的勋章

等功一次，师一等功、二等功各一次，团一等功一次，两次获“战斗英雄”称号。

一份西北野战军的报功书，讲述着张富清“因在陕西永丰城战斗中勇敢杀敌”，荣获特等功。

一枚西北军政委员会颁发的奖章，镌刻着“人民功臣”四个大字……

激动地看完张健全带来的材料，聂海波深感震撼：“没想到我们来凤还隐藏着这样一位战功赫赫的大英雄！”

（二）

“永丰战役带突击组，夜间上城，夺取敌人碉堡两个，缴机枪两挺，打退敌人数次反扑，坚持到天明。我军进城消灭了敌人。”

年轻时的张富清

这是立功证书对张富清 1948 年 11 月参加永丰战役的记载。

发生在陕西蒲城的永丰之战，是配合淮海战役的一次重要战役。战况异常惨烈，“一夜之间换了八个连长”。

对那场艰苦卓绝的战斗，95 岁的张富清仍历历在目。

张富清所在的连是永丰战役突击连。张富清又是突击连的突击班成员。27 日夜，他和两名战友匍匐前进，扒着墙砖缝隙攀上城墙。张富清第一个跳下城墙，与围上来的敌人激战。

“我一转身，看见敌人将我围住了，就端起冲锋枪扫射，一下子打死七八个。”张富清说，交火的时候，他感觉到自己的头被猛砸了一下，消灭眼前的敌人后，手一摸，发现满脸都是血。原来，子弹擦着头顶飞过，把一块头皮掀了起来……

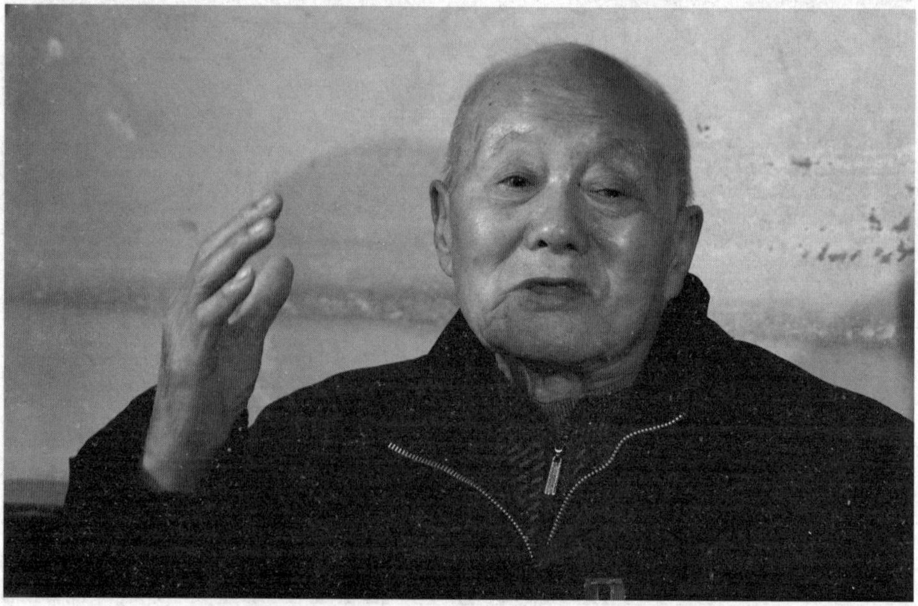

张富清讲述当年参加战争的情形

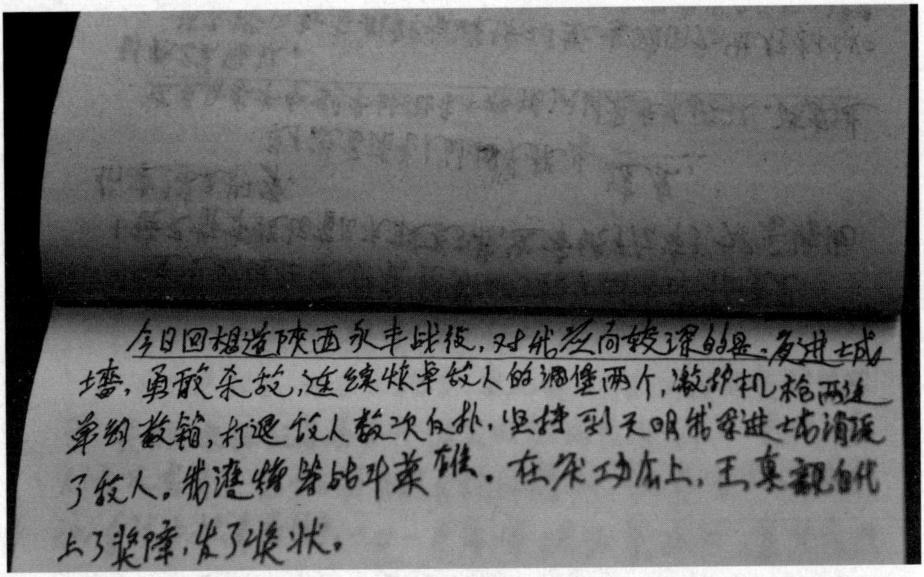
今日回想道陕西永丰战役，我从[illegible]爬进城墙，勇敢杀敌，连续炸毁敌人的碉堡两个，缴获机枪两挺，弹药数箱，打退敌人数次反扑，坚持到天明我军进城消灭了敌人。我获得战斗英雄。在庆功会上，王真亲自代上了奖章，发了奖状。

张富清写的日记

“打死七八个敌人后，我逼近碉堡，用刺刀在城墙底下刨了个洞，把我带的八颗手榴弹和一个炸药包码在一起，拉着了手榴弹，炸毁了碉堡……”

那一夜，张富清接连炸毁两座碉堡，缴获两挺机枪、数箱弹药。战斗中，他幸存下来，两个战友却从此杳无音讯……

因在战斗中表现英勇，张富清获得军甲等“战斗英雄”荣誉称号。

1948 年 3 月参军，8 月入党，在壶梯山、东马村、临皋、永丰城等战斗中都冲锋在前——这位陕西汉中小伙子历尽了九死一生。

（三）

陕西、新疆、北京、南昌、武汉……

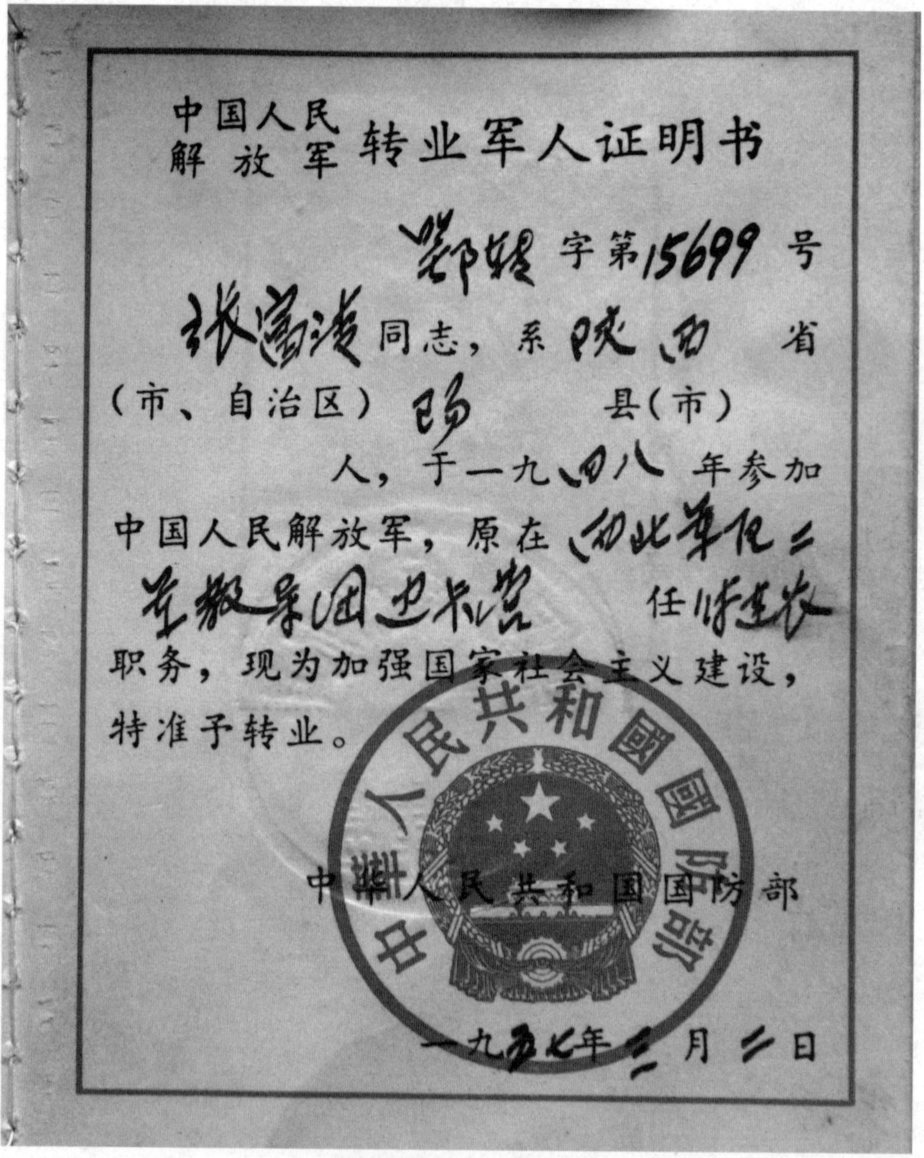
中国人民解放军转业军人证明书

字第15699号

張富清同志，系陕西省（市、自治区）　　县（市）人，于一九四八年参加中国人民解放军，原在　　任　　职务，现为加强国家社会主义建设，特准予转业。

中华人民共和国国防部

一九　年　月　日

张富清的转业军人证明书

几经辗转，1955 年初，已是连职军官的张富清面临退役转业的人生转折。听说湖北西部恩施条件艰苦，急缺干部，他二话不说：“我可以去！”

听说来凤县在恩施最偏远、最困难，没有丝毫犹豫，他又一口答应：“那我就去来凤。”

那是一个寒冷的冬天。从武汉动身，一路向西，再向西。恩施是湖北西部边陲，来凤更是边陲的边陲。怀着投身社会主义建设的憧憬，张富清来了。

“这里苦，这里累，这里条件差，共产党员不来，哪个来啊！”——带着一个共产党员的赤诚，张富清来了。

此后几十年，“人民功臣”张富清勤劳的身影，先后出现在粮食局、三胡区、卯洞公社、外贸局、建设银行……双脚却很少再迈出来凤。母亲去世，他也没能见上最后一面……

工作挑最苦最难的干，从不争名争利。张富清把余生献给了来凤，献给了这片曾经毫无关联的大山。

浴血奋战，战功卓著……自从到了来凤，过去的一切，都被张富清刻意尘封起来。

60 多年，无论顺境逆境，张富清从不提自己的战斗功绩。证书和军功章被他藏在一个随身几十年的皮箱里，连儿女也不知情。

（四）

瞒得再紧，瞒不过最亲的人。

张富清和家人的合影

妻子孙玉兰最清楚丈夫身上有多少伤。右身腋下，战争中被燃烧弹灼烧，黑乎乎一大片；头顶的伤疤至今依稀可见……

孙玉兰和张富清是同乡。战争期间及之后的几年，村里人都以为张富清已经不在人世了。1954 年，张富清回了趟家乡，大家才知道，他还活着。

共青团员、妇女主任孙玉兰，和长自己 11 岁的张富清一见钟情。不久后，被爱情召唤的孙玉兰，追随张富清到了来凤。

这一来，就是一辈子。

20 世纪 60 年代，为给国家减轻负担，担任三胡区副区长的张富清率先动员妻子从供销社的铁饭碗“下岗”。他的理由很简单：“国家困难，我首先要看看自己有没有占群众、公家的好处……要精简人员，首先从我自己脑壳开刀……”

同挚爱的人在一起，多苦都是甜。

夫妻俩生养了四个孩子。大女儿患病，至今未婚，常年在家靠母亲看护；小女儿是卫生院普通职员；两个儿子凭自己的本事上学、工作，从基层教师干起，一步步成长为县里的干部。

几个子女，没有一个在张富清曾经任职的单位上班。

如今，最小的儿子也快到退休年龄。形容自己眼中的父亲，张健全用了一个词：“平凡。”

从转业到离休，数十年如一日，张富清像一块砖头，哪里需要就往哪里搬。乐观、朴实、真诚……在大家的印象中，他就是这样一个平凡的人，和普通老百姓没什么差别。

（五）

张富清是“战斗英雄”的消息，在来凤迅速传开了。

不少人感到震惊。“只知道他当过兵，没想到他是那么大的英雄。”

有人感到不解。“别人没他那么大的功劳，还整天问组织要这要那。他老婆没有工作，大女儿又残疾，也没见他提什么要求。”

有人感到惋惜。“那么大的战功，如果当初留在武汉，早就成了高级干部。”

更多的人深受教育和感动。

去年，张富清做眼部手术。术前，中国建设银行来凤支行行长李甘霖特意叮嘱，张老是离休干部，医药费全额报销，可以选好一些的晶体。但张富清听说同病房的农民病友用的是最便宜的，也选了最便宜的。

“我已经离休了，不能再为国家做什么，能节约一点是一点。”

衣服的袖口都烂了，还在穿；儿子给他买的新衣服，他叠得整整齐齐放在箱子里。

张富清的心里，几乎没有他自己。

“以前，只不过觉得他大我们一些，工作在我们前头；现在他从我面前过，我都要在心里默默向他致敬！”72岁的来凤县关心下一代工作委员会副主任张昌恩说。

（六）

在张富清简陋的家中，珍藏着一个打满了补丁的搪瓷缸。

一面是熠熠生辉的天安门、展翅飞翔的和平鸽；一面写着：赠给英勇的中国人民解放军——保卫祖国、保卫和平。孙玉兰说，这是丈夫最心爱的物件。

从1954年起，这个搪瓷缸就是张富清生活的一部分。如今，补了又补，不能再用，张富清就把它认真保存了起来。

20世纪80年代初，张富清一家搬到现在仍居住的建行宿舍。30多年过去，楼上楼下、左邻右舍都已翻修一新，老两口的家还是老样子。

斑驳的墙壁，褪色的家具……虽然朴素，这个家整洁而充满生气。阳台上整齐地养着一排绿植，像是一队整装待发的战士。

张富清在家里看书学习

面色红润，声音洪亮，精神矍铄——我们面前的张富清，仿佛不是一位 90 多岁的老人。近几年，他仍然坚持自己下楼买菜，有时还下厨给老伴炒几个菜。透过窗户，常常听到他爽朗的笑声……

1985 年离休后，张富清一直保持着读书看报的习惯。他特别爱看《半月谈》。

卧室的写字台上，一本 2016 年版的《习近平总书记系列重要讲话读本》，被他翻阅得封皮泛白。

第 110 页的一段文字旁，做着标记——

“要不断改造主观世界、加强党性修养、加强品格陶冶，老老实实做人，踏踏实实干事，清清白白为官，始终做到对党忠诚、个人干净、敢于担当。”

这不正是共产党员张富清一生的写照吗？

（七）

战争年代不怕牺牲、出生入死，张富清靠的是一个共产党员的信仰——

“我一直按我入党宣誓的去做……满脑子都是要消灭敌人，要完成任务……所以也就不怕死了。”

和平时期淡泊名利、扎根大山，张富清为的是不负入党的誓言——

“和我并肩作战的战士，有几多（好多）都不在了。比起他们来，我有什么资格拿出立功证件去摆自己啊？！我有什么功劳啊？！”

讲起这些，这位 95 岁的老人声音颤抖，泪水溢满了眼眶。

英雄事迹传出后，有媒体闻讯而来。张富清拒绝接受采访。记者越来越多，没有办法，张健全只好骗父亲："这是组织的要求！"张富清这才答应——身为一名共产党员，必须服从组织的安排。

张富清最欣慰的，是一家四代有六个党员。

考虑再三，让子女拿着立功证书去登记，出发点也是对党忠诚——

"党和国家开展退役军人信息采集工作，是一件大好事。如果我不如实向党报告，那就是对党不老实……"

（八）

时光回溯到 2018 年 3 月 17 日。

北京人民大会堂。十三届全国人大一次会议表决通过关于国务院机构改革方案的决定。

近一个月后，退役军人事务部正式挂牌。

组建退役军人事务部，是以习近平同志为核心的党中央着眼党和国家事业全局作出的重大战略决策。

"军人是最可爱的人""不能让英雄流血又流泪"……随着退役军人管理保障工作有序开展，许多英雄事迹，陆续被发掘出来。

九旬老兵张富清，不想给党、给国家、给军队添任何麻烦。不久前，在给曾经战斗过的部队的一封答谢信中，他情真意切地写道：

"希望你们坚决听党的话，坚决听从习主席指挥""心往一处想，劲往一处使，拧成一股绳……"

张富清讲述当年参加战争的情形，泪水溢满了眼眶

张富清穿上旧式军装敬军礼

张富清和老伴孙玉兰

张富清抚摸着旧式军装　朱勇 摄

（九）

新疆军区某红军团，张富清当年战斗的英雄部队。年轻的官兵，正紧紧围绕听党指挥、能打胜仗、作风优良强军目标，学习老前辈张富清英雄事迹，立志做新时代革命军人。

3月2日，部队派员专程到来凤，探望老战士张富清。

是夜，平素内敛沉默的张健全抑制不住内心激动。眼含热泪，他写下深情的记录——

部队来人了

老兵心中掀起波澜

面对军装上的军徽

老兵用一条独腿坚强站立

缓缓举起右手

庄严地行上军礼

……

（新华社武汉4月8日电　记者唐卫彬、杨依军、谭元斌）

您一哭，我们的心也跟着落泪了……

95 岁的张富清，
是湖北来凤县一名离休干部。

他平日里看起来，
和别的老人没有什么不同，
其实却是一名，
战功卓著的战斗英雄。

1948 年，
张富清参加西北野战军，
屡任突击队员，
用生命为部队前进开辟道路。

惨烈的永丰战役中，

您一哭，我们的心也跟着落泪了……

新华社 4月9日

95岁的张富清
是湖北来凤县一名离休干部

他平日里看起来
和别的老人没有什么不同
其实却是一名
战功卓著的战斗英雄

他冒着枪林弹雨，
炸毁敌人两个碉堡。

“我们在猛烈激战中间，
突然我感到我脑壳好像
被什么东西猛砸了一下。
我往头上一摸，
有一块头皮炸起来特别高，
满脸上在流血。
因为在激战中间，
没有时间顾及，
满脑子都是消灭敌人，
没有考虑个人怎么样。”

2 次获评战斗英雄，
1 次特等功，
3 次一等功。
如此赫赫战功，
被他尘封在一个旧皮箱里，
64 年来从未向人提及。

“一想起和我并肩作战的战士，
有多少都不在了，

比起他们来，
我有什么资格拿出立功证件，
去显摆自己啊？
我有什么功劳啊？
我现在吃的、住的都很好，
他们现在却再不能
跟党提任何要求了。
每当我想起这些事，
我有什么资格把这些拿出来，
在人民面前显摆啊！”

1955 年，
从部队转业的张富清，
自愿到湖北最艰苦的地方工作。

“任何人都想在条件好的地方工作，
可是困难的地方，
我不去哪个去？
党员不去哪个去？
党员应该带头，
应该在艰苦面前迎难而上啊。
我从没有考虑个人怎么样，
死我都不怕，

我还怕苦?
苦我就更不怕了。”

88 岁时,
张富清左腿截肢。
为了不给组织添麻烦,
更为了让子女“安心为党和人民工作”,
他装上假肢,
顽强地站了起来。

如今,
95 岁的他仍然坚持学习。
“人离休了,
政治上思想上绝不能离休。”

当被问及还有什么愿望时,
老人的回答很平实:
“党叫我做什么,
我就做什么,
我还要发扬过去对党信念的坚定,
和意志的顽强,
我还要保持发扬啊!”

3 月 2 日，
老部队来人看望。
老人的儿子张健全彻夜难眠，
写下一首诗《老兵的军礼》。

“部队来人了，
老兵心中掀起波澜。
面对着军人军装上的军徽，
老兵用一条独腿坚强站立，
缓缓举起僵硬的右手，
庄严地行上军礼。
九死一生犹未悔，
只因那坚定的信念和军人的勇气，
只因心里飘荡着血染的军旗……”
（新华社微信公众号 2019 年 4 月 9 日）

甘于归零、敢于归零，方显英雄本色

革命战争年代立下了赫赫战功，退役转业之后却把荣誉封存，将人生归零——战斗英雄张富清最让人肃然起敬的，是他珍视荣誉却看淡名利，耄耋之年仍初心不改。

九死一生，用鲜血换来的战功，他只要亮出军功章摊开双手，就可能享受各种待遇，家人也可以得到相应的照顾。在很多人眼里，这些都是他应得的。他的四个孩子，没有一个享受到了他战斗英雄的好处；他的爱人，还被他动员从供销社下岗，成为一名缝纫工。在漫长的年月里，他的家里也曾遭遇各种困难。即便如此，他仍然将一切都深埋心底。

雪藏战功、甘于归零，正是一名共产党员的初心本色。封存荣誉、敢于归零，正是一名革命军人的英雄气概。

脱下军装，他主动要求去偏僻山区从头开始，脚踏实地、勤勤恳恳地工作。左邻右舍的房子都翻修一新，他家的房子 30 年未变……忠于信仰、淡泊名利是英雄本色最好的注脚。

“这一切都是我应该做的”“我一直按我入党宣誓的去做……”——英雄无悔，誓言如山。张富清用行动证明了什么叫“组织上入党一生一次，思想上入党一生一世”。

荣誉和名利是党性的试金石。决死关头不放弃，和平年代不迷失，困难当前能泰然，享乐面前能淡然——张富清给广大党员树起了一面镜子。当我们在付出与回报之间患得患失时，当我们为偶尔失意而愤愤不平时，当我们因一时困难而垂头丧气时，当我们因理想和现实的距离而彷徨无措时……我们应该照照这面镜子，看看自己是不是在困难面前忘了誓言、在名利面前丢了初心，看看自己是不是偏离了出发时的方向。

誓言铮铮，说一次就管一辈子；初心不改，胸膛里永远装着出发时的方向；拿起的是责任，放下的是名利——这就是英雄本色。

（新华社武汉4月9日电　记者谭元斌）

英雄的选择

——95 岁老党员张富清的初心本色

24 岁，在生与死之间，他选择冲锋在前，在战火洗礼中成长为董存瑞式的战斗英雄。

31 岁，在小家与国家之间，他选择服从大局，到偏远异乡投身社会主义建设。

半个多世纪，无论顺境逆境，他选择淡然处之，将英雄过往尘封在沧桑的记忆。

95 岁高龄，在新中国即将迎来 70 华诞之时，他又一次挺直脊梁，向祖国和人民致以崇高军礼。

张富清

张富清

张富清

他，就是湖北省恩施土家族苗族自治州来凤县有着 71 年党龄的老兵张富清。

在他心中，没有什么，比为国牺牲更光荣；没有谁，比逝去的战友更值得尊敬。党旗下的誓言，就是此生不渝的初心

95 岁的离休干部张富清，又一次当上了“突击队员”。这一次，是前所未有的任务——接受众多媒体记者的采访。

不久前，在国家开展的退役军人信息采集工作中，张富清深藏多年的赫赫战功引发关注。

2018年12月3日，张富清的儿子张健全来到来凤县人力资源和社会保障局，询问退役军人信息采集的具体要求。

回到家中，张健全问："爸，国家成立退役军人事务部，需要如实上报个人信息，你什么时间参的军、有没有立过功、立的什么功，都要讲清楚。"

沉吟片刻，张富清说："你去里屋，把我的那个皮箱拿来。"

这只古铜色的皮箱，张富清带在身边已有60多年。锁头早就坏了，一直用尼龙绳绑着。依着父亲的要求，张健全小心翼翼地开箱，把存在里面的一个布包送到了县人社局。

打开一看，在场的人都震惊了：

一本立功证书，记录着张富清在解放战争时立下的战功：军一等功一次，师一等功、二等功各一次，团一等功一次，两次获"战斗英雄"称号。

一份由彭德怀、甘泗淇、张德生联名签署的报功书，讲述张富清"因在陕西永丰城战斗中勇敢杀敌"，荣获特等功。

一枚西北军政委员会颁发的奖章，镌刻着"人民功臣"四个大字……

"哪里知道他立过大功哦。"老伴儿孙玉兰只见到他满身的伤疤："右身腋下，被燃烧弹灼烧，黑乎乎一大片；脑壳上面，陷下去一道缝，一口牙齿被枪弹震松……"

张富清一年四季几乎都戴着帽子，不是因为怕冷，而是因为头部创伤留下后遗症，变天就痛。

左手拇指关节下，一块骨头不同寻常地外凸。原因是负伤后包扎潦草、骨头变形，回不去了。

多次出生入死，张富清在最惨烈的永丰战役中幸运地活了下来。

“永丰战役带突击组，夜间上城，夺取敌人碉堡两个，缴机枪两挺，打退敌人数次反扑，坚持到天明。我军进城消灭了敌人。”

这是张富清的立功证书上对永丰战役的记载。1948 年 11 月，发生在陕西蒲城的这场拼杀，是配合淮海战役的一次重要战役。

“天亮之前，不拿下碉堡，大部队总攻就会受阻，解放全中国就会受到影响。”入夜时分，上级指挥员的动员，让张富清下定了决心。

张富清所在的连是突击连。他主动请缨，带领另外两名战士组成突击小组，背上炸药包和手榴弹，凌晨摸向敌军碉堡。

一路匍匐，张富清率先攀上城墙，又第一个向着碉堡附近的空地跳下。四米多高的城墙，三四十公斤的负重，张富清脑海里闪过一个念头：跳下去成功就成功了，不成功就牺牲了，牺牲也是光荣的，是为党为人民牺牲的。

落地还没站稳，敌人围上来了，他端起冲锋枪一阵扫射，一下子打倒七八个。突然，他感觉自己的头被猛砸了一下，手一摸，满脸是血。

顾不上细想，他冲向碉堡，用刺刀在下面刨了个坑，把八颗手榴弹和一个炸药包码在一起，一个侧滚的同时，拉掉了手榴弹的拉环……

那一夜，张富清接连炸掉两座碉堡，他的一块头皮被子弹掀起。另外两名突击队员下落不明，突击连“一夜换了八个连长”……

真实的回忆太过惨烈，老人从不看关于战争的影视剧。偶尔提及，他只零碎说起：“多数时候没得鞋穿，把帽子翻过来盛着干粮吃”“打仗不分昼夜，睡觉都没有时间”“泪水血水在身上结块，虱子大把地

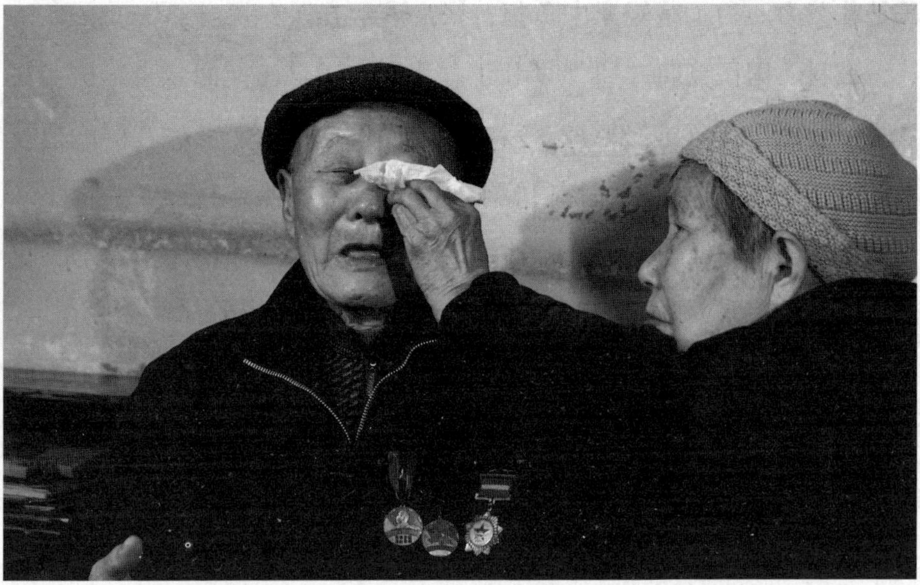

张富清回忆当年并肩作战的战友们牺牲时情景，不禁泪流满面

往下掉”……

很多人问：为什么要当突击队员？

张富清淡淡一笑：“我入党时宣过誓，为党为人民我可以牺牲一切。”

轻描淡写的一句，却有惊心动魄的力量。

入伍后仅 4 个月，张富清因接连执行突击任务作战勇猛，获得全连各党小组一致推荐，光荣地加入了中国共产党。

“我一个小小的长工，是党和国家培养了我啊！”时隔多年，张富清的感念发自肺腑，眼角泪湿。

出生在陕西汉中一个贫农家庭，张富清很小就饱尝艰辛。父亲和大哥过早去世，母亲拉扯着兄弟姊妹 4 个孩子，家中仅有张富清的二哥是壮劳力。为了减轻家中负担，张富清十五六岁就当了长工。

谁料，国民党将二哥抓了壮丁。张富清用自己换回二哥，被关在乡联保处近两年，饱受欺凌。后被编入国民党部队，身体瘦弱的他被指派做饭、喂马、洗衣、打扫等杂役，稍有不慎就会遭到皮带抽打。

这样的生活苦不堪言。直到有一天，西北野战军把国民党部队“包了饺子”，张富清随着四散的人群遇到了人民解放军。

“我早已受够了国民党的黑暗统治，我在老家时就听地下工作者讲，共产党领导的是穷苦老百姓的军队。”张富清没有选择回家，而是主动要求加入了人民解放军。

信仰的种子，从此埋进了他的心中。

在团结友爱的集体中，一个曾经任人欺凌的青年第一次强烈感受到平等的对待和温暖的情谊。

历经一次次血与火的考验，张富清彻底脱胎换骨，为谁打仗、为什么打仗的信念在他的心中愈发清晰。

“从立功记录看，老英雄九死一生，为什么不想让人知道？”负责来凤县退役军人信息采集的聂海波对张富清的战功钦佩不已，更对老人多年来的“低调”十分不解。

“我一想起和我并肩作战的战士，有几多（多少）都不在了，比起他们来，我有什么资格拿出立功证件去摆自己啊！我有什么功劳啊！我有什么资格拿出来，在人民面前摆啊……”面对追问，这位饱经世事的老人哽咽了。

每一次，他提起战友就情难自已，任老伴儿帮他抹去涌出的泪水：“他们一个一个倒下去了……常常想起他们，忘不了啊……”

亲如父兄，却阴阳永隔。在张富清心中，这种伤痛绵延了太久。那是战友对战友的思念，更是英雄对英雄的缅怀。

他把这份情寄托在那些军功章上。每到清明时节，张富清都要把箱子里面的布包取出，一个人打开、捧着，端详半天。家里人都不知道，他珍藏的宝贝是个啥。

“我没有向任何人说过，党给我那么多荣誉，这辈子已经很满足了。”如今，面对媒体的请求，老人才舍得把那些军功章拿出来。

多年来，他只是小心翼翼地，把1954年“全国人民慰问人民解放军代表团”颁发的一个搪瓷缸，摆在触手可及的地方。这只补了又补、不能再用的缸子上，一面是天安门、和平鸽，一面写着：赠给英勇的中国人民解放军——保卫祖国、保卫和平。

总会有人问：你为什么不怕死？

“有了坚定的信念，就不怕死……我情愿牺牲，为全国的劳苦人民、为建立新中国牺牲，光荣，死也值得。”

任凭岁月磨蚀，朴实纯粹的初心，滚烫依旧。

她哪里想到，离家千里去寻他，一走就是大半生。在来凤这片毫无亲缘的穷乡僻壤，印刻下一个好干部为民奉献的情怀

1954年冬，陕西汉中洋县马畅镇双庙村，19岁的妇女干部孙玉兰接到部队来信：张富清同志即将从军委在湖北武昌举办的防空部队文化速成中学毕业，分配工作，等她前去完婚。

同村的孙玉兰此前只在张富清回乡探亲时见过他一次。满腔热血

张富清和老伴孙玉兰

的女共青团员，对这位大她 11 岁的解放军战士一见钟情。

少小离家，张富清多年在外征战。

1949 年 9 月，新中国成立前夕，张富清随王震率领的第一野战军第一兵团先头部队深入新疆腹地，一边继续剿灭土匪特务，一边修筑营房、屯垦开荒。

1953 年初，全军抽调优秀指战员抗美援朝，张富清又一次主动请缨，从新疆向北京开拔。

待到整装待发，朝鲜战场传来准备签订停战协议的消息。张富清又被部队送进防空部队文化速成中学。

相隔两地，他求知若渴，她盼他归来。张富清同孙玉兰简单的书信往来，让两颗同样追求进步的心靠得更近。

“我看中他思想纯洁，为人正派。”部队来信后，孙玉兰向身为农会主席的父亲袒露心声。

临近农历新年，孙玉兰掏出攒了多年的压岁钱，扯了新布做了袄，背上几个馍就上路了。

搭上货车，翻过秦岭，再坐火车。从未出过远门的她晕得呕了一路，呕出了血，见到心上人的时候，腿肿了，手肿了，脸也肿了。

彼时，一个崭新的国家百废待兴，各行各业需要大量建设人才。组织上对连职军官张富清说：湖北省恩施地区条件艰苦，急需干部支援。

拿出地图一看，那是湖北西部边陲，张富清有过一时犹豫。他心里惦记着部队，又想离家近些，可是，面对组织的召唤，他好像又回到军令如山的战场。

“国家把我培养出来，我这样想着自己的事情，对得起党和人民吗？”“那么多战友牺牲了，要是他们活着，一定会好好建设我们的新中国。”

张富清做了选择：“作为党锻炼培养的一名干部，我应该坚决听党的话，不能和党讲价钱，党叫我到哪里去，就到哪里去。哪里艰苦，我就应该到哪里去。”

孙玉兰原以为，两人在武汉逛一阵子，就要回陕西老家。谁知他说：组织上让我去恩施，你同我去吧。

这一去，便是一辈子。

从武昌乘汽车，上轮船，到了巴东，再坐货车……一路颠簸。到恩施报到后，张富清又一次响应号召，再连续坐车，到了更加偏远的来凤。

这是恩施最落后的山区。当一对风尘仆仆的新人打开宿舍房门，发现屋里竟连床板都没有。

所有家当就是两人手头的几件行李——军校时用过的一只皮箱、一床铺盖，半路上买的一个脸盆，还有那只人民代表团慰问的搪瓷缸。

孙玉兰有些发懵。张富清却说："这里苦，这里累，这里条件差，共产党员不来，哪个来啊！在战场上死都没有怕，我还能叫苦磨怕了？"

张富清不怕苦，可他受不得老百姓吃苦。来凤的很多干部都回忆说，无论在什么岗位，他总是往最贫困的地方跑得最多，为困难群众想得最多。

三胡区的粮食生产严重短缺。张富清到了三胡，每个月都在社员家蹲个20来天，"先把最贫困的人家生产搞起来，再把全队带起来"。

干部与群众同吃同住同劳动，士气很快上去了，三胡区当年就转亏为盈，顺利完成了为国家供粮、为百姓存粮的任务。

到卯洞公社任职，张富清又一头扎进不通电不通水不通路的高洞。这是公社最偏远的管理区，几十里地，山连着山，把村民与外界完全隔绝。

张富清暗想："这是必须攻克的堡垒，要一边领导社员生产，一边发动群众修路，从根本上解决村民吃饭和运输公粮的问题。"

为了修进入高洞的路，张富清四处奔走、申请报批、借钱筹款、规划勘测……

约5公里长的路，有至少3公里在悬崖上，只能炸开打通。张富清不仅要筹措资金、协调物资，还要组织人手，发动群众。

有的社员“思路不大通”，认为修路耽误了生产。张富清就住到社员家的柴房，铺点干草席地而睡，帮着社员干农活、做家务。

农闲时节，早上 5 点，张富清就爬起来，一边忙活一边交心。吃过早饭，他就举个喇叭喊开了：“8 点以前集合完毕，修路出力也记工分。”

上午 11 点和下午 5 点半，一天两次，开山放炮，大家都要避险。回家吃饭，一来一回，要费不少时间？有时赶不及，张富清就往嘴里塞几个粑粑，灌几口山泉水。

“他跑上跑下，五十多岁的人了，身体并不好，工作却特别认真。”曾和张富清在卯洞公社共事的百福司镇原党委书记董香彩回忆。

一年到头，不到腊月二十八，孙玉兰很少能见到丈夫的身影。有的时候，惦记他没得吃、没得衣服，她就让孩子们放了学给他送去。

一次，大儿子张建国背了两件衣服、一罐辣椒上山了。十来岁的孩子走到天黑还没赶到，只得投宿在社员家中。第二天，等到天黑，父子俩才打个照面。

老张是真忙啊！社员们看在眼里，记在心里：“这个从上面派来的干部，是真心为我们想啊！”

从抵制到触动，从被动到主动，群众在张富清带领下肩挑背扛，终于用两年左右时间，修通了第一条能走马车、拖拉机的土路。

后来，张富清要调走的消息传开了。临走的那天，孙玉兰一早醒来，发现屋子外面站了好多人。原来，社员们赶了好远的路，自发来送他了。

“他们守在门口，往我们手里塞米粑粑，帮我们把行李搬上车，一直到车子开了，都没有散。”回想当年的情景，孙玉兰笑得很自豪。

将心比心，张富清把老百姓对党和国家的期望，都化作默默洒下的汗水。

以心换心，群众把对他的信赖与认可都包进了一只只粑粑，修进了一条条路。

如今，原卯洞公社所辖的二三十个村，已全部脱贫出列。当年张富清主持修建的道路，已拓宽硬化，变成康庄大道；高洞几乎家家户户通了水泥路。

粮食局、三胡区、卯洞公社、外贸局、建设银行……从转业到离休，数十年如一日，张富清就像一块砖，哪里需要就往哪里搬。在来凤这片毫无关联的穷乡僻壤，留下了一个人民公仆任劳任怨的足迹。

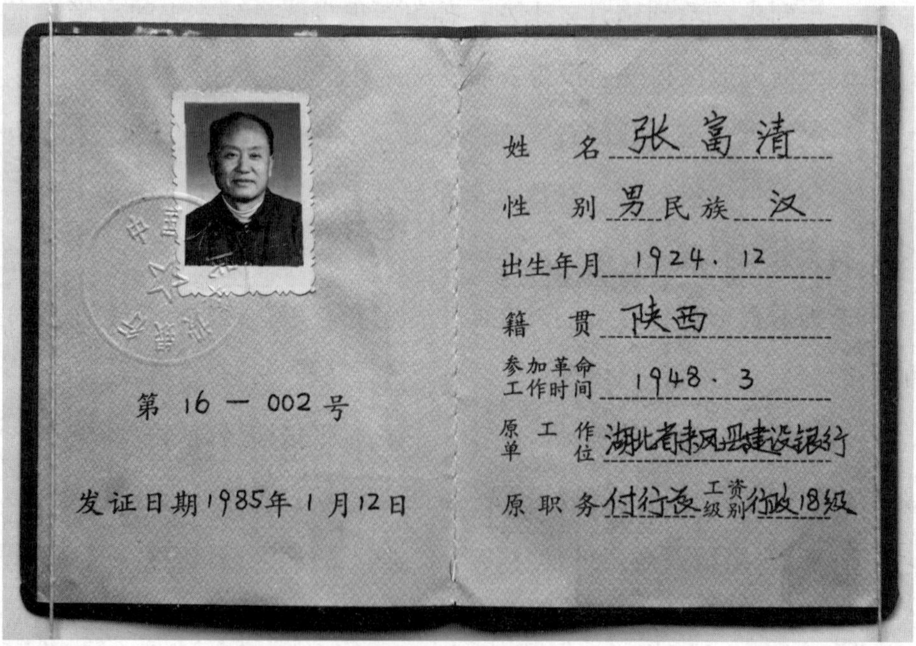

张富清的工作证

曾任卯洞公社党委副书记的田洪立记得，张富清家的餐桌上常常只有青菜、萝卜、油茶汤，比大多数社员的伙食都差。

可是，这个拥有“人民功臣”称号的转业军人却毫不在意。

他心里只装着一个念头：“党教育培养我这么多年，我能为人民做点有益的事情，党群关系密切了，再苦也知足了。”

张富清完全有条件为自己的家庭谋取便利，可是他没有。始终恪守“党和人民的要求”，标注他共产党人的精神境界

循着喧闹的城中街道，来到一座 5 层小楼，顺着台阶上 2 楼，就是张富清老两口的家。

走进客厅，一张磨损破皮的沙发、一个缺了角的茶几和几个不成套的柜子拼凑在一起。进了厨房，几只小碗盛着咸菜、米粥和馒头，十分素淡。

这套潮湿老旧的房子是 20 世纪 80 年代，张富清在建设银行工作时单位分配的。有人说这里条件不好，他只是淡淡一笑：“吃的住的已经很好了，没得什么要求了。”

比起过去，老两口总是特别知足。

在卯洞公社时，他们住在一座年久失修的庙里，一大一小两间，20 多平方米，三张床挤了两个大人、4 个小孩。一家人除了几个木头做的盒子和几床棉被外，什么家当也没有。

“他家的窗户很小、又高，屋里不通风，光线暗淡。他那时候分管机关，完全有条件给自己安排好一点。”董香彩回忆：“张富清的

张富清家里的厨房

张富清家里的阳台

大女儿患有脑膜炎，因当年未能及时救治留下后遗症，这么多年来看病花钱，他从来不找组织特殊照顾。”

“不能给组织添麻烦。”这是张富清给全家立下的规矩。

20世纪60年代，国家正是困难时期，全面精简人员。担任三胡区副区长的张富清动员妻子从供销社“下岗”。

孙玉兰不服气：“我又没差款，又没违规，凭什么要我下来？”

“你不下来我怎么搞工作？”一向温和的张富清脸一板：“这是国家政策，首先要从我自己脑壳开刀，你先下来，我才可以动员别个。”

孙玉兰下岗后，只能去缝纫社帮工，一件小衣服赚个几分钱。手艺熟练了，就开始做便衣，一件衣服几角钱，上面要盘好几个布扣。

回家做完功课，孩子们都要帮妈妈盘布扣。到了后来，两个儿子穿针引线的功夫都毫不含糊。

有人替孙玉兰不平：他让你下来，你就下来，不和他吵？

“这个事情不是吵架的事情，他给你讲，这是政策问题，他把道理说明白，就不吵。”

那些年，张富清每月的工资，很难维持一家人的生计。除了患病的大女儿，其他三个孩子下了学就去拣煤块、拾柴火、背石头、打辣椒。

“衣服总是补了又补，脚上的解放鞋被脚趾顶破，就用草裹住捆在脚面上。”小儿子张健全记忆犹新。

相濡以沫，她理解他。可是，孩子有过“想不通”。

大儿子张建国高中毕业，听说恩施城里有招工指标，很想去。张富清管着这项工作，不但对儿子封锁信息，还要求他响应国家号召，下放到卯洞公社的万亩林场。

荒山野岭，连间房子都没有，两年的时光，张建国咬牙挺着，不和父亲叫苦。

小儿子张健全记得，小时候，父亲长年下乡，母亲身体不好、常常晕倒，几个孩子不知所措，只能守在床边哭……

张富清四个子女，患病的大女儿至今未婚，与老两口相依为命；小女儿是卫生院普通职工；两个儿子从基层教师干起，一步步成长为县里的干部。

子女们没有一个在父亲曾经的单位上班，也没有一个依靠父亲的关系找过工作。孙子辈现在大多在做临时工，一个孙媳妇刚刚入职距县城几十公里的农村学校。

“父亲有言在先，他只供我们读书，其他都只能靠自己的本事，他没有力量给我们找工作，更不会给我们想办法。”张健全说。

有人劝张富清“灵活点儿”，他正色道：“我是国家干部，我要把我的位置站正。如果我给我的家属行方便，这不就是以权谋私吗？这是对党不廉洁，对人民不廉洁，我坚决不能做！”

一辈子，“党和人民的要求”就是他的准则，“符合的就做，不符合的就坚决不做”。

分管机关，他没有给家庭改善过住宿条件；分管财贸，他没有为孩子多搞一点营养伙食；分管街道，他没有把一个矛盾问题随意上交……

有一次，分管粮油的张富清把“上面”得罪了。

某机关的同志来买米，提出要精米不要粗米。想到群众吃的都是粗米，又见对方盛气凌人，张富清看不惯，没几句就和对方红了脸。

来人跑去告状，一个副县长来了，批评张富清“太固执”。张富清很较真儿，回答说：“干部和群众应该一视同仁，如果我给谁搞了特殊，就违反了党的政策。”

战场上雷厉风行，工作中铁面无私。张富清把一腔热情投入建设来凤的工作中，却把一个永远的遗憾藏在自己心底。

1960年初夏，不到20天时间，张富清的老家接连发来两次电报：第一次，是母亲病危，要他回家；第二次，是母亲过世，要他回去处理后事。

工作繁忙、路途遥远，考虑再三，他没有回去。

“为什么没有回去呢？那时国家处于非常时期，人民生活困难，工作忙得实在脱不开身，只能向着家乡的方向，泪流满面，跪拜母亲……”时隔多年，张富清在病中，专门在日记里写下当年的心境：“自古忠孝难两全，作为一个共产党员，我怎能因为家事离开不能脱身的工作？”

这就是张富清的选择：战争岁月，他为国家出生入死；和平年代，他又为国家割舍亲情。

2012年，张富清左腿突发感染，高位截肢。手术醒来后，他神色未改，只自嘲一句：“战争年代腿都没掉，没想到和平时期掉了。”

张富清担心“子女来照顾自己，就不能安心为党和人民工作”。术后一周，他就开始扶床下地。医护人员不忍：牵动伤口的剧痛，他这么大岁数怎么承受？

令人惊叹！术后不到一年，88岁的张富清装上假肢，重新站了起来。

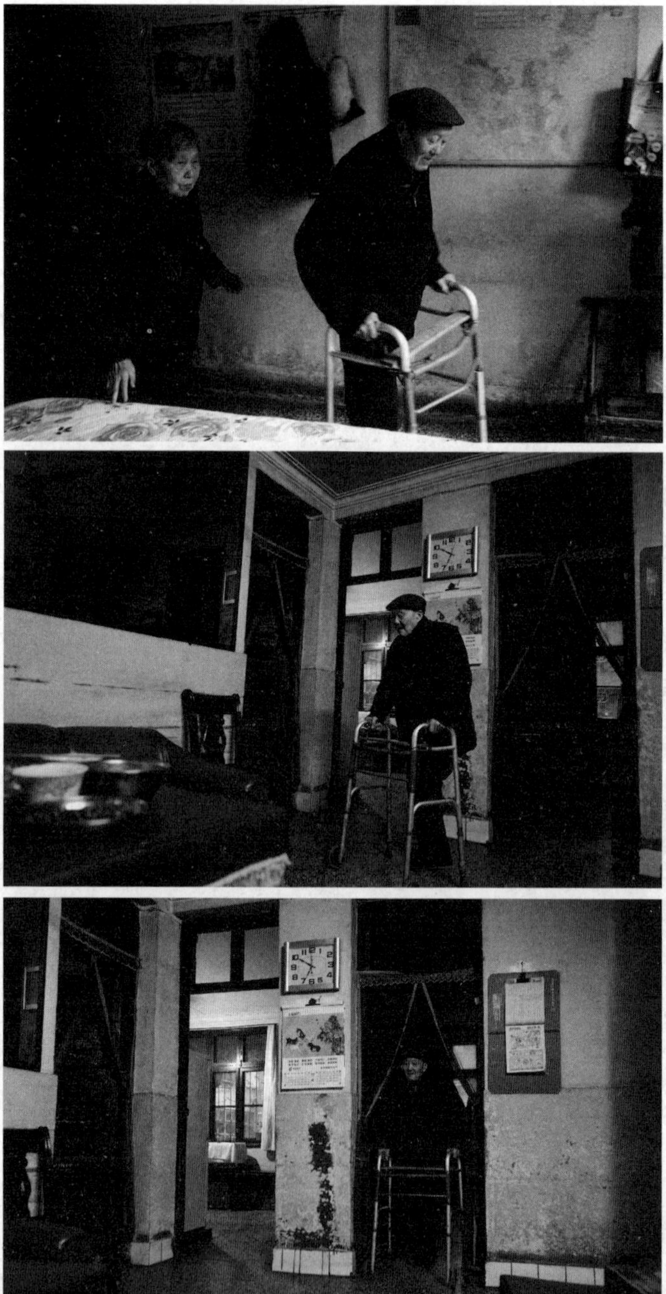

张富清在家中活动

没有人见过他难过。只有老伴儿孙玉兰知道，多少次他在练习中跌倒，默默流泪，然后又撑起身体，悄悄擦去残肢蹭在墙边的血迹……

张富清的一生，从没有一刻躺在功劳簿上。面对这样一位不忘初心、不改本色的英雄，我们除了致敬，更应懂得他的选择

2019年3月的一天，张富清家中来了两位特殊的客人。他所在老部队、新疆军区某团从媒体上了解到张富清的事迹后，特意指派两名官兵前来探望。

“门口的绿军装一闪，他就激动得挣扎起来，双手拼命撑着扶手，浑身都在使劲，最后，硬生生用一条腿站了起来！”回忆那天的情形，

张富清和小儿子张健全

张富清的儿子张健全（左）为老人穿上旧式军装

张健全的眼眶湿润了。

年轻的战士朗读起全团官兵为老英雄写的慰问信。他念一句，老伴儿就凑着张富清的耳朵“翻译”一句。当战士念到“三五九旅”“王震将军”这两个词时，张富清无须“翻译”竟听清了，先是兴奋地拍手，后又激动地落泪。

为了迎接战友，张富清特意将军功纪念章别在胸前。

望着父亲精神抖擞的样子，张健全偷偷抹去眼角的泪水。他知道，这一生，如果说父亲有什么个人心愿，那就是再穿一次军装，回到他热爱的集体中去。

多少年了，这是第一次，他高调地亮出赫赫战功。也是第一次，他能够面对战友，说说自己的心里话：

张富清穿上旧式军装敬军礼

朱勇 摄

“我们的新中国就要庆祝成立70年了，盼着我们的祖国早日统一，更加繁荣昌盛，希望部队官兵坚决听党的话，在习近平主席的强军思想引领下，苦练杀敌本领，保卫和建设好我们的国家。”

临别，张富清又一次坚强站起，挺直脊背，向老部队战友行了一个庄严的军礼。

“我看到老前辈眼里亮晶晶的。”新疆军区某团政治处组织股股长陈辑舟回忆说，老人的眼中，有久别重逢的喜悦，更有郑重交付的嘱托。

回到部队，他们把老英雄的故事讲给战友们听，全团官兵热血沸腾。

“作为一名战士，我要像老前辈那样，苦练杀敌本领，争当优秀士兵。”战士李泽信说。

“作为新时代的官兵，我们要发扬老前辈‘一不怕苦，二不怕死’的精神，哪里需要哪里去，哪里艰苦哪‘安家’。”干部胡妥说。

“英雄事迹彪青史，传承尚需后来人。”团政治委员王英涛说：“历史的接力棒交到我们手中，一定要传承好老前辈的优良传统，把胜战的使命扛在肩头，猛打敢担当，猛冲不畏惧，猛追夺胜利，高标准完成党和人民交给我们的任务。”

张富清的事迹传开后，老人一次次拒绝媒体采访，更不许儿女对外宣扬。后来，有人说，“您把您的故事说出来，对社会起到的教育作用，比当年炸碉堡的作用还大”，老人的态度“突然有了180度的转弯”。

“有几次采访正赶上父亲截肢后的断腿疼痛发作，他没有表露一点，连休息一下都不提，其实早已疼得一身透汗。”张健全说。

从深藏功名到高调配合，张富清的选择始终遵从初心。

他的心很大，满满写着党和国家；他的心又很小，几乎装不下自己。

他去做白内障手术，医生建议："老爷子，既然能全额报销，那就用 7000 元的晶体，效果好一些。"可张富清听说同病房的群众用的晶体只有 3000 元，坚持换成了一样的。

他把自己的降压药锁在抽屉里，强调"专药专用"，不许同样患有高血压的家人碰这些"福利"。

他的衣服袖口烂了，还在穿，实在穿不得了，他做成拖把；残肢萎缩，用旧了的假肢不匹配，他塞上皮子垫了又垫，生生把早已愈合的伤口磨出了血……

赫赫功名被媒体报道后，考虑到张富清生活不便，单位上想把他的房子改善一下，他说不用；想安排人帮忙照料，他依旧执拗，只有一句："不能给组织添麻烦"……

这是张富清用了几十年的老字典

“我已经离休了，不能再为国家贡献什么，能够节约一点是一点。”很多不通常情的做法，在张富清看来，都有着理所应当的理由。

“他完全可以提要求，向组织讲条件。他完全可以躺在功名簿上，安逸闲适地度过余生。”来凤县委巡察办主任邱克权听说张富清的事迹后，利用工作之余查阅大量资料，自愿承担起挖掘梳理张富清事迹的工作。

从好奇到感佩，邱克权感到，越是走进老英雄平淡的生活，越能感受到一名共产党员强烈的炽热。“什么是不改初心，什么是淡泊名利，他就像一面镜子，映照平凡中的伟大。”

张富清床边的写字台上，一本2016年版的《习近平总书记系列重要讲话读本》格外引人注意。因为时常翻阅，封皮四周已经泛白。

第110页的一段文字旁，做着标记——

“要不断改造主观世界、加强党性修养、加强品格陶冶，老老实实做人，踏踏实实干事，清清白白为官，始终做到对党忠诚、个人干净、敢于担当。”

什么是坚定信仰？什么是初心本色？张富清用一生给出了答案。

新中国走过 70 年风风雨雨，张富清的岗位、身份一再改变，始终不变的，是他对党和国家的无限忠诚，对人民群众的赤子之心。

采访中，张富清多次强调：“在战场上也好，在和平建设时期也好，我就是完成了党交给我的任务，这都是我应该尽的职责，说不着有什么功。”

“泪流满面，这是何等境界”“赤子之心，感人肺腑”“这才是真正的党员”……老英雄的事迹，朴实无华，却直抵人心。媒体争相报道后，引起社会广泛反响。

网民“周杰伦奶茶店”说：“60 多年了，不是因为一次偶然，这位老英雄依旧会把曾经的荣誉埋藏在心里。他只把自己当成一个幸运儿，那个活下来替所有牺牲的战友领取那份荣誉的人。事了拂衣去，深藏功与名。穿上军装卫国，脱下军装建设国家。所谓英雄者，大概如是吧。”

莫道无名，人心是名。

不断有相关机构向老人提出收藏他军功证书的请求。

“我现在还舍不得、离不开，但是我想将来，还是会捐赠给国家，因为这些本来就属于国家。”老人袒露自己的“私心”。

精神富足、生活清淡、追求纯粹——

他的名字“富清”，正是他一生的写照。

（新华社武汉 5 月 24 日电　记者唐卫彬、黄明、吴晶、张汩汩、谭元斌）

以“无我”之境写就“大我”人生

苍茫大山中，深藏功与名。“他用自己的朴实纯粹、淡泊名利书写了精彩人生，是广大部队官兵和退役军人学习的榜样”。近日，习近平总书记对张富清同志先进事迹作出重要指示，强调“要积极弘扬奉献精神，凝聚起万众一心奋斗新时代的强大力量”。老英雄张富清一辈子初心不改、本色不变的感人事迹，犹如一座巍峨的精神丰碑，激励我们在逐梦之路上砥砺前行。

沧海横流，方显英雄本色。战争年代，他英勇无畏，枪林弹雨中立下赫赫战功；建设时期，他主动扎根偏远山区一心为民；离休之后，他从不居功，不向组织提任何条件……60 多年来，张富清刻意尘封功绩的选择，彰显了一名共产党员的名利观、荣誉观与责任观。

这是不忘初心、忠于信仰的坚定选择。解放战争中，张富清主动请缨炸碉堡，自己“一块头皮被掀”。有人问：你为什么不怕死？他坦然作答：有了坚定的信念，就不怕死。翻身不忘共产党，杀敌为了新中国。一次次与死神擦肩而过，信仰的力量激发英勇的壮举，砥砺朴实的初心，让老英雄历经血与火的严峻考验。“亦余心之所善兮，虽九死其犹未悔。”有了信仰的烛照引领，生命就有了奋进的方向，就能迸发出建功立业、创造历史的强大力量。

这是无限赤诚、默默奉献的为民情怀。张富清多次立功、身体有伤，本可以有更好的岗位，却选择去当时湖北最偏远、条件最艰苦的来凤县：“这里苦，这里累，这里条件差，共产党员不来，哪个来啊！”张富清平实的话语中，饱含着一名共产党员对党、对人民、对祖国的赤子情怀。“战场上死都没有怕，我还能叫苦磨怕了？”他用扎根山乡的选择和兢兢业业的付出，交出了一名老兵、一名党员践行全心全意为人民服务宗旨的赤诚答卷。

这是舍己忘我、成就大我的崇高境界。磨损破皮的沙发、缺了角的茶几、补了又补的衣服，很难想象，这是一位“战斗英雄”、“人民功臣”、离休干部过的生活。对自己，他选择甘守清贫；对家人，他选择不谋私利。做精简职工工作，先动员妻子“下岗”；有招工指标，对儿子搞“信息封锁”；做白内障手术，只用便宜的晶体……一次次“忘我”的选择，坚守廉洁奉公、不搞特殊的原则，体现“不能给组织添麻烦”的自觉，彰显出一位老共产党员的品格风范。

英雄无言，历史有痕。以“无我”之境，写就顶天立地的“大我”人生——读懂了张富清同志平凡而伟大、普通又崇高的人生故事，我们就能深刻理解信仰与坚守、奋斗与奉献的丰富内涵，在新时代的征程上，书写无悔人生、创造新的业绩。

（新华社北京5月24日电　记者唐卫彬、梁建强）

有一种信仰，让我们忍不住流泪

年轻时，张富清备尝艰辛。十五六岁，他到地主家做长工，后来家中唯一壮劳力二哥被国民党抓壮丁，为了全家维持生计，他用自己将二哥换了出来。他因身体瘦弱，被指派做打扫、洗衣、做饭、喂马等杂役，饱受欺凌，稍有不慎就遭到抽打，苦不堪言。

国民党部队被剿灭后，在领 3 块大洋回家和参加革命队伍之间，他选择了后者，成为西北野战军的一员。自此，瘦弱的张富清爆发出惊人的能量，在壶梯山、东马村、永丰城等战斗中他担当为大部队清障开路的突击队员，先后炸掉敌人四个碉堡，立下赫赫战功。

这样一位战斗英雄，在退役转业后却将过去的功绩深埋心底。漫长的岁月里，除了向组织如实填报个人情况外，他从未说起过这些战功。英雄褪去光环，回归平凡，有苦自己咽，有难自己扛，再苦再难，他也绝不躺在功劳簿上。

若非国家开展的退役军人信息登记发现老人的事迹，这一切或许将永远尘封，不为外界所知晓。英雄无言，是何等崇高的境界；英雄无名，该是多么大的遗憾。去年底，他的子女们终于知道，原来父亲是一位战斗英雄。此时，他的大儿子张建国已经退休，这是多么漫长的岁月！

当我们跟随张富清的小儿子张健全来到老人居住了30多年的家中时，昏暗的灯光、斑驳的墙壁、褪色的家具……都在无声地讲述着老人的人生故事。

在老人家中静默地逗留寻觅，我们看到阳台上一排像战士一样整装待发的绿植，看到写字台上做了很多记号的书和字迹黝黑而略显凌乱的笔记，看到角落里用了几十年的旧搪瓷缸。

卧室里一个带轮子的像鞋架一样的架子，就是老人左腿截肢后行走的支撑。2012年，老人左腿感染危及生命被迫截肢，当时他已是88岁高龄。我们无法想象，耄耋之年遭受这样沉重的打击，老人该有多么强大的内心才能逼迫自己重新站起来。张富清的老伴儿孙玉兰说，他多次在扶着墙练习站立时跌倒，残肢擦在墙上和地上留下一条条血痕。

恩施土家族苗族自治州来凤县是湖北省最偏远的一个县。1955年，退役转业时，组织告诉已升为连职干部的张富清，恩施地区条件艰苦，急需干部支援。山水迢迢，他深知这一去只怕再也回不了大城市。虽然心里惦记着部队，又想离家近些，他还是服从组织安排，带着爱人来到了恩施。到恩施后，他再次响应组织号召，奔赴来凤县。从此，两人扎根异乡山区，一过便是一生。

从粮食局到三胡区、卯洞公社再到外贸局、建设银行，在每一个岗位上，张富清都兢兢业业，甘当螺丝钉。

张富清家的老式音响设备

跟随张富清几十年的老皮箱

这是怎样的一个英雄！当副区长，他让自己的爱人下了岗；当革委会副主任，他把自己的大儿子下放到林场。

他从不为自己和家人谋取私利，子女没有一个在他曾经工作过的单位上班。

他艰苦朴素，对生活毫无所求。房子，左邻右舍都装修一新，他家还是30年前的老样子。衣服，袖口都烂了，他还在穿，儿子买的新衣服被他叠得整整齐齐放在箱子里。做眼部手术可以全额报销，他却选择最便宜的晶体。

他说："没法再在工作岗位上为国家做贡献了，能为国家节约一点是一点。"

他就是这样一个人，心里时时刻刻装着组织，装着国家，却几乎没有他自己。

一个宁静的下午，我们开始了和老人面对面的交流。对话在一种肃穆的氛围中开始——

"你打仗时为什么这么勇敢，不怕死吗？"

"作为一名共产党员、革命军人，我入党时宣誓，为党、为人民，我可以牺牲一切。我一直按我入党宣誓的去做，对共产党有一个坚强的信念……所以满脑壳都是要消灭敌人，要完成任务，没有任何其他的想法，所以也就不怕死了……"

"88岁截肢后，当别人以为你站不起来的时候，你为什么又站起来了？"

"不能工作了，我不能给国家增加任何麻烦，也不能给家里增添很大的包袱。我要他们好好工作，为党多做点事情……"

“64 年来，你立功的事情，你不对单位讲，甚至也不对家人讲，孩子们也是刚刚知道，这是为什么？”

“我一想起和我并肩作战的战士，有几多（好多）都不在了，比起他们来，我有什么资格拿出立功证件去摆自己啊？！我有什么功劳啊？！比起他们我有什么功劳啊……”

讲到这里，老人哽咽难言，泪水溢满了眼眶。他的老伴儿掏出纸巾给他擦拭眼角的泪水。他又想起了那些死去的战友啊！此时，记者也忍不住流泪。

（新华社武汉 5 月 25 日电　记者谭元斌）

初心不改：从甘祖昌到张富清

老英雄张富清的事迹让人不禁想起另一位老英雄：甘祖昌。

甘祖昌1955年被授予少将军衔，荣获八一勋章、独立自由勋章、解放勋章，脑部负伤，功勋卓著；张富清荣立特等功、一等功、二等功，两次获得“战斗英雄”荣誉称号，头部中弹，战功赫赫。

而且，他们来自同一支英雄的部队——西北野战军。

甘祖昌功成身退，回乡务农，反复向组织申请，“为建设社会主义新农村做贡献”。张富清深藏功名，淡泊名利，退役到湖北省最偏远的来凤县工作，为贫困山区奉献一生。

甘祖昌授衔仪式结束后回家对妻子说：“比起那些为革命牺牲的老战友，我的贡献太少了，组织上给我的荣誉和地位太高了！”张富清面对人们对他多年“低调”十分不解的追问说：“一想起和我并肩作战的战士，有几多都不在了，比起他们来，我有什么资格拿出立功证件去摆自己啊！”

不同的年代，相似的经历；不同的环境，相同的追求；不同的英雄，相同的初心。

几十年不变的是共同的赤子之心。作为党员，永葆理想信念；作为军人，对党绝对忠诚。在生命的最后时刻，甘祖昌交代家人：“领了工资，先交党费。”他始终坚持以普通党员身份过组织生活。面对组织的召唤，张富清说：“我应该坚决听党的话，不能和党讲价钱。”“我还要发扬过去的对党的信念的坚定，和意志的顽强。”

几十年不变的是共同的为民情怀。回乡29年，甘祖昌和乡亲们一起修水库，建电站，架桥梁，改造红壤田，把70%的工资收入捐给家乡建设。1955年转业后，张富清为了百姓脱贫，同样是带领群众肩挑背扛、开山修路，哪里最贫困往哪里跑得最勤，哪家最困难为哪家想得最多。

几十年不变的是共同的简朴作风。甘祖昌自己花钱在村里盖了一栋普通民房，除了一张褪漆的老式桌子和一把破旧的藤椅，最贵重的物品就是一只装着勋章的铁盒。张富清住在20世纪80年代分的老旧房子里，除了一张磨损破皮的沙发、一个缺了角的茶几和几个不成套的柜子，最珍贵的家当就是一只装着荣誉证书的皮箱。

习近平总书记在党的十九大报告中强调：“中国共产党人的初心和使命，就是为中国人民谋幸福，为中华民族谋复兴。”我们党之所以能够从小到大，从弱到强，永葆活力，不正是因为她拥有千千万万忠诚奉献、信念坚定的优秀党员，不正是因为她始终保持全心全意为人民服务的初心本色吗？

不论岁月如何变迁，坚定不移的信念、服务人民的初心、艰苦奋斗的作风，永远是我们战胜前进道路上一切困难、实现伟大民族复兴的底气所依、优势所在，也是无数个甘祖昌、张富清等一代代共产党人留给我们的宝贵财富。

（新华社北京 5 月 25 日电　记者李学勇）

两封电报

——张富清的英雄人生之一

编者的话：在战场上，他不畏牺牲，奋勇杀敌，立下赫赫战功；离开战场，他深藏功名，扎根山区，服务一方百姓。初心不改，英雄本色。他不仅是打仗的英雄，更是人生的英雄。

今日起，新华社连续5日播发湖北省恩施土家族苗族自治州来凤县95岁“战斗英雄”张富清的故事，讲述他离开战场后，当好“人生英雄”的感人事迹。通过这些故事，我们得以从老英雄的工作、生活等不同侧面感知其初心、情怀、境界，更加理解他身上折射出的奉献精神和信仰力量。

1959年3月至1965年10月，张富清任来凤县三胡区副区长，分管财贸工作。

三胡区是来凤县最穷的地方，当时有着“穷三胡富卯洞”的说法。卯洞公社因为有码头，有船厂、林场等社办企业，相对富裕，县里修电站都要找卯洞借钱。与之相反，三胡区贫穷落后，粮食生产严重短缺。分管财贸的张富清，工作任务格外繁重。

1960 年初夏，不到 20 天的时间里，陕西汉中老家连续给张富清发了两封电报，一次是因为母亲病危，一次是因为母亲过世。

张富清的父亲 1932 年病故，当时他才 8 岁。艰难困苦，“母亲”两个字在他心里分量太重了，能不回去见她最后一面吗？能不回去处理她的后事吗？

那段时间，他正在主持三胡区一项重要的培训。考虑再三，张富清最终没有回去。自此，阴阳永隔，再也见不到母亲，听不到她的叮嘱。

母亲去世后 20 多年，他离休后，才得以再次踏上故土，祭拜母亲。

“由于困难时期工作任务繁重脱不开身，路太远，钱也不足，我想我不能给组织找麻烦，干好工作就是对亲人们的最好报答。自古忠孝难两全。”多年之后，张富清在笔记本上写下这样一段文字，解释了当初的选择。

“我不能考虑家事和私事，任何时间我都要考虑党和人民的利益，我要做的事符不符合党和人民的要求，符合的我就做，不符合的我就坚决不做。”他说。

但无疑，这样的选择并不容易。在 2016 年 5 月 13 日的笔记中，他这样写道：“每个人都会老去，缺席了陪伴父母衰老的时光，等到想要弥补的时候，也许剩下的只是永久的遗憾。养老是每名子女不可推卸的责任和义务。多抽点时间陪陪父母，和他们一起慢慢地变老，把辛劳和孤独从他们身边赶跑，把幸福的笑容长久地定格在他们的脸上，让他们享受欢乐安详的晚年。”

他是一个英雄，也是一个凡人。那个特殊的年代，在尽孝和工作之间，他选择了后者。但是，母亲，是他心里永远的痛啊！

（新华社武汉 5 月 25 日电　记者谭元斌、张汨汨）

爱情的原色

——张富清的英雄人生之二

64 年前，张富清回乡探亲，和孙玉兰第一次见面。

他俩同村，算知根知底。她问他的问题是："你在当兵，有没有加入组织？"

"我入了党。"他回答。

她挺满意：这个人，一点不炫耀，问到才说。

其实她是妇女干部，还去他家慰问过军属呢，那些出生入死的事他却提也不提。

通了半年信，他写道："你来武汉吧。"

"好啊，那我就去玩几天。"她想。

空着两手就上了长途车。临走前，她去乡里开介绍信，书记说："傻女儿，你去了哪得回来！一年能回一次就不错了！"

"这话叫他讲到了！真的，多少年都回不去了！"讲这话时，她呵呵笑着，已是一头白发了。

果然，到了武汉，他们领了结婚证，接着就奔恩施。

路真远啊！走了半个多月，先坐船，再坐车，又步行。她在车上吐得昏天黑地，脚和脸都肿了。好容易到了，他又问：恩施哪里最艰苦？

就又到了来凤。

她没带行李。他行李也不多：一只皮箱，一卷铺盖，一个搪瓷缸子。

来凤的条件跟富庶的汉中没法比。“我们那都是平坝坝，哪有这么多山？”

租来的屋，借来的铺板，就成了一个家。做饭要到门外头，养了头小猪，白天放出去，夜里拴门口。“它原快死了的，我买回来养，又肯吃又肯长。”她很得意。

工作也不错，他是副区长，她在供销社当营业员。日子这么过着，

张富清和老伴在家里吃晚饭

张富清和老伴在家

张富清和老伴在家看电视

挺好了。

可是有一天，他回来说："你别去上班了，下来吧。"

她不理解："我又没有差款，又没有违规，你哪个让我下来？"

"你下来我好搞事。"他说。

换别的小夫妻，要大吵一架了吧？

"这不是吵架的事情。"她说，"是他先头没说清楚：国家有政策，要精简人员。他说了，只有我先下来，他才好去劝别人下来。"

她就这么回了家。先是给招待所洗被子，后来去缝纫社做衣服，领了布料回来，白天黑夜地做，做一件挣几分钱。

几个孩子帮着打扣绊，还要出去拾煤渣，挖野菜，到河边背石头。一家六口只仗他一人的工资过活。孩子们长到十几岁，都不知道啥叫过节。

他去驻村，又选的最偏远的生产队。她一人拉扯四个孩子，经常累得晕倒。

住院，几个孩子围着她哭，她搂着轻声安慰。身体好点了，又马上缝补了干净衣服，买了辣椒酱，用药瓶分装好了，让孩子带到山里给他吃。

"哪个干部家里过成你这样？"有人替她不值。

"你怨他干啥，他是去工作，又不在跟前。"她叹口气。

那时，他的心里，一定也沉沉的吧？！

离休回家，他从"甩手掌柜"立刻成了家里的主要劳动力，买菜洗衣收拾家，到处擦得锃光瓦亮，叠得整整齐齐，角角落落都一尘不染。

连做饭也是他。"你炒的不如我炒的好吃。"他总这样说，把她手里的锅铲抢过来。

离休生活30多年，都是这样。

上个月，她突发心梗。他拖着一条腿扑到她担架前，带着哭腔：“你怎么样了？他们说给你送到医院，你挺不挺得住？还是到医院去吧，你不用为我担心呵……”

旁边几个年轻人都看哭了。

这次采访，记者里好多小姑娘，七嘴八舌地围着问：孙奶奶，跟着张爷爷，背井离乡，吃苦受累，后悔吗？

“有么子（什么）后悔呢？党叫他往哪里走，他就往哪里走。反正跟随他了，他往哪里走，我就往哪里走。”孙玉兰说。

“您当年看上爷爷哪点？是不是一见钟情，特崇拜他？”

她一下子笑了。

（新华社武汉5月26日电　记者张汩汩、谭元斌）

搪瓷缸

——张富清的英雄人生之三

张富清淡泊名利，也珍惜荣誉。几十年里，一只国家慰问的搪瓷缸，被他随身携带，视若珍宝。

这只搪瓷缸来头可不小。

1953 年，全军抽调优秀指战员抗美援朝，已是连职军官的张富清主动请缨入朝作战。他和几十名战友从新疆出发马不停蹄赶往北京。在北京整装待发之际，《朝鲜停战协定》签署。他们随即被送往文化速成学校学习文化知识。

几个月后，董必武任总团长的“全国人民慰问人民解放军代表团”赴各地部队开展慰问活动。当时，张富清正在江西南昌防空部队文化速成学校学习。慰问团来到这里，作为上级抽调的优秀军官，他和战友们一人获得一块纪念章，一个搪瓷缸。

1955 年，张富清退役转业。他带着爱人孙玉兰一路向西，来到湖北省最偏远的来凤县。路途遥远，交通不便，在他们简单的行李中，

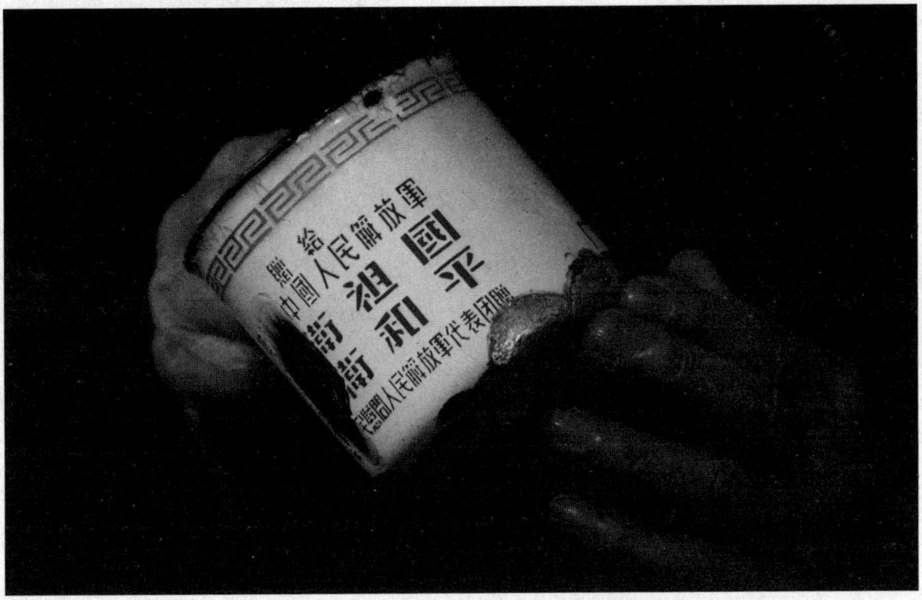

一个当年慰问部队的搪瓷缸，老英雄用了几十年。他对物质生活无所求，一生艰苦朴素，本色不改。只因心中时时刻刻装着党和人民，装着铮铮誓言和不悔初心。

就有这只搪瓷缸。

从来凤县城到三胡区、卯洞公社再到来凤县城，张富清工作的地点一变再变，但是随身携带的物件里，始终有这只搪瓷缸。

他是如此爱惜这只搪瓷缸。每到一个地方，他都把搪瓷缸摆在触手可及之处。孙玉兰至今记得，有一次搪瓷缸被谁不小心碰着摔到了地上，脾气温和的张富清当场就提醒：“你注意点呢！”

时间久了，搪瓷缸被磨破，张富清拿牙膏皮补好后继续用。补了又补，实在没法再用，他就拿来装牙膏。如今，搪瓷缸被他小心收藏了起来。

“他说只有不要命的人才能得到这个缸子……”相濡以沫数十年，

孙玉兰十分理解丈夫的心情。

是的！对于张富清来说，这只搪瓷缸，不仅仅是喝水的杯子，而是装着部队的回忆，装着军人的荣誉。

不论是端着喝水，还是闲暇之余看上一眼，这只搪瓷缸都让张富清感受到，战友们仿佛还在身边。

这只打满补丁的搪瓷缸，一面印着天安门、和平鸽的图案，一面印着“献给英勇的中国人民解放军”“保卫祖国 保卫和平”“全国人民慰问人民解放军代表团赠”等几行字。多次修补，一些字已缺失，但每个字张富清都记得清清楚楚。斑驳的颜色，见证了英雄离开战场，归于平凡的岁月。

“这是全国人民慰问的缸子，是全国人民对我的爱戴，我要一直留着……”张富清说。

这只搪瓷缸，也是张富清一生艰苦朴素的最好体现。

（新华社武汉 5 月 27 日电　记者谭元斌、张汩汩）

88岁，突击队员再冲锋

——张富清的英雄人生之四

“怎么跟他交代呢？”

自父亲被从手术室推出来，张健全就在担心。

88岁，高位截肢，尤其对于那样一位利索、昂扬、满是向上劲头的老人。

麻药过去，张富清醒来：“腿被锯掉了吗？”

儿女们嗫嚅着不知怎么回答，张富清却自嘲地先开口了：“战争年代腿没掉，和平时期腿却掉了。”

“自始至终，真是没见他掉过一滴眼泪。”张健全说。

术后仅仅一周，张富清就开始尝试着下床。瘦小的身体绷成弓形，一次次地努力，满头满身都是汗。

“当时，医院里有一群日本留学生，看到一位年纪这么大的老人，竟然这么快又站了起来，非常感慨。”张健全记得，那天，这群日本留学生还特意跟父亲合了影。

出院回家后，儿女们推来了轮椅，张富清却坚持要自己练习走路，并立即开始旷日持久的锻炼：先是沿着床边走，后来渐渐能走到家里客厅，就在客厅过道来回练习。

一步，一步……张富清紧紧抓着助行器，慢慢地、慢慢地向前挪动。他特意紧贴着墙边走——这样即使摔倒，也是蹭着墙倒下，“脑壳不落地”。

摔倒了，他一声不吭，自己默默挣扎着起身，努力好久才站起来。摔得次数多了，胳膊蹭出了血，客厅那面墙上，至今还有隐隐血迹。

渐渐地，他能一个人走到阳台。再后来，能在楼下院子里转圈。一年之后，他已经可以独自上楼下楼、上街买菜。在家里戴假肢不方便，他就在助行器上绑了一条木板，把残肢架在上面，打扫卫生、切菜炒菜……

张健全曾悄悄把自己的左腿绑住，用一条腿模仿父亲日常生活最基本的活动：独自上厕所。

“太困难了！一趟下来满身都是汗，一不留神就摔倒了。”张健全连连摇头，“我这才真正明白为什么父亲下一趟楼、收拾下厨房，整个后背就都湿透了。”

一直以来，儿女们都以为老人这样坚持，只是性格好强，直到最近，在接受媒体采访时，张富清才说出真实的原因：

“我每天坐在轮椅上，就要给国家找麻烦，给家人添负担。我不能影响下一代的工作，拖累他们照顾我。我要发扬突击队员的精神，我能做的事，我愿意做。”

从战争年代起，张富清所在连就是突击连，他自己就是突击组长。

在张富清的意识里，“突击队员精神”，就是用顽强意志战胜一切困难的精神。

自己是一名党员，因此，无论什么时候，奉献都要大于索取。

自己是一名突击队员，因此，无论什么困难，都能够战胜克服。

88 岁，这位突击队员再次冲锋，并且再次取得了胜利。

（新华社武汉 5 月 28 日电　记者张汨汨、谭元斌）

锁药记

——张富清的英雄人生之五

在张富清的卧室里，窗户边摆着一张旧条桌。条桌最右边的抽屉里，放着张富清平时吃的药。

95 岁高龄的张富清，红光满面，精神矍铄，说话思路清晰，声音洪亮。但事实上，老人长期有高血压，受颈椎病困扰也很多年了，去年还被查出患有冠心病。此外，他还有一个痼疾——打仗时头部受伤留下后遗症，一变天就疼得厉害。降压、止疼、抗血栓的药装进了抽屉。

作为离休干部，张富清享受公费医疗政策。但他给家里定了一条规矩：任何人不能吃自己的药。

有一次，同样患有高血压的大儿子张建国来看他，忘了带降压药，到了吃药的时间，找他要几粒降压药救急，却遭到拒绝："你不能吃。我的药是国家买的，你们的药都是自费的。病情不一样，我的药也不一定适合你……"

碰了几次壁，张建国索性买了些降压药放在老人家里，以备不时之需。

当着记者的面说起这件事情，老人的理由很充分："我是离休人员，我的药费是公家报销的，只能我个人用，家里人不能享受。不能占国家的便宜。"

抽屉里的药，不仅"不能用"，也"不能看"。为了管好自己的药，他甚至用锁把抽屉给锁住了。

其实，子女们都知道老人的脾气，老人不让动的东西，他们绝对不会动，给抽屉上锁全无必要。但是，他就是这么一个讲原则的人，该锁就锁，容不得丝毫含糊。

不仅不占国家的便宜，张富清还处处想着为国家节约。去年 10 月，

张富清的儿子张健全（右）照顾老人

老人要到恩施州城做白内障手术，需要植入人工晶体。他是从中国建设银行来凤支行副行长岗位上离休的，去恩施前，现任行长李甘霖到家里看望老领导，专门给他做工作：选择好一点的晶体，这样有利于恢复。

住院后，医生询问用什么样的晶体，考虑到老人年事已高，家人嘱咐医生用好一点的、适合老人的晶体。备选晶体从几千元到数万元都有，综合考虑各方面因素，医生最后决定给老人使用中等价位的晶体。

谁也没想到，手术前，老人听说同病房的两位农民病友都是用的3000元的晶体，他背着家人给医生提要求，自己也用3000元的晶体。手术结束后，家人才知道，老人自己做主用了最便宜的。

老人回家后，李甘霖再次前去探望。得知这一情况，他忍不住问："您是离休干部，现在年纪也大了，为什么不选择好一点的晶体？"

"我现在已经离休了，再也不能为国家做什么事情了，我用最便宜的，能够给国家节约一点是一点。"张富清回答。

他的心里，总是首先想着国家，想着组织，而把自己摆在次要位置——这就是老英雄张富清的精神境界。

（新华社武汉5月29日电　记者谭元斌）

致敬英雄　榜样力量

中国建设银行关于开展向张富清同志学习活动的通知

各一级分行党委，总行本部各党支部（总支），信用卡中心党委，建行大学东北、华东学院党委，各直属机构，各审计机构党总支，各境内子公司（党委）：

根据总行党委《关于授予张富清同志“中国建设银行优秀共产党员”“中国建设银行功勋员工”称号的决定》，总行拟在全行深入组织开展向张富清同志学习活动，现将有关事项通知如下：

一、充分认识开展学习活动的重要意义

张富清同志作为建行员工和离休干部，是一个不可多得的先进典型，是一笔非常宝贵的精神财富。总行党委书记、董事长田国立批示强调：“张富清老人的先进事迹经过央视等主流媒体宣传后，在社会上引起极大反响。富清老人的事迹，不仅是我们建行人的荣誉，

更应该是我们落实总书记‘三个能力’建设的精神食粮，要做好事迹挖掘和在全行的学习宣传活动。”总行党委副书记、行长刘桂平批示强调：“富清老人的事迹感人至深，催人奋进，是‘不忘初心，牢记使命’主题教育的活教材，应予深入挖掘，实事求是总结和弘扬建行企业文化正能量。”在全行开展学习活动，可以进一步坚定共产党员的初心，激发共产党员的使命感，推动党建和党员教育不断深入；可以进一步凝聚高质量发展的正能量，调动全行员工的积极性，推动“三大战略”向纵深发展；可以进一步提高广大员工的政治素质，打造过硬的员工队伍，为建设银行持续发展奠定基础；可以进一步展示建设银行的崭新形象，体现党建引领的丰硕成果，助力开启“第二发展曲线”。

二、着力在提高党性觉悟上狠下功夫

全行要紧紧围绕张富清同志“忠诚担当、不忘初心的党员本色；不畏艰难、矢志奋斗的拼搏意志；胸怀大局、不计得失的奉献精神；深藏功名、居功不傲的谦和风骨；淡泊名利、乐观朴实的人生态度”五个方面的精神，联系全行政治思想建设和业务发展实际，广泛深入开展学习活动。要把触及思想、提高觉悟作为重要内容。各级机构可借鉴“知乎问答”的模式，设置诸如“老英雄哪些精神最让你感动”、“从老英雄的事迹中得到什么启发”、“和老英雄相比有什么差距”等问题，启发大家思考。组织高端论坛，邀请专家和先进人物对老英雄的事迹进行深入分析，从人生观、价值观的角度提高认识。广泛征集和交流心得体会，将学习宣传和主题党课、主题团课结合起来，充分发挥组织的管理教育作用。

三、持续加大先进事迹的传播力度

要采取线上线下相结合的方法，运用行之有效的传播手段，大力宣扬张富清同志的先进事迹。总行拟组织专题“报告会”、印发专题“宣传册”、制作专题“宣传片”，并将张富清同志的事迹纳入建行大学各级培训班的学习内容，作为企业网和《建设银行报》一个时期的重要宣传内容，同时，通过“党群同心”“文化建行”“官方抖音”等新媒体和“营业网点”“劳动者港湾”等宣传阵地，展开广泛深入宣传。各级机构要从实际出发，充分利用资源优势，组织行之有效的宣传活动，营造浓厚热烈的学习氛围。与之同时，及时向媒体反映学习宣传情况，扩大学习宣传效果。

四、努力把学习成果转化为工作实效

学习活动要与实际工作紧密结合起来，使之相互促进，融为一体。各单位要积极开展“学习老英雄，当好新传人”活动，引导党员群众在本职岗位上主动作为，在创新工作中积极突破，在迎接考验中建功立业。要广泛收集、评选和宣扬“学英雄，见行动”典型案例，营造“群星灿烂”的生动局面。要发现、培养和表彰“学英雄，见行动”先进人物，培养“英雄辈出”的丰厚沃土。在“七一”“八一”“十一”，各级机构也可视情况表彰一批张富清式的“优秀共产党员”等先进典型。

五、切实加强对学习活动的组织领导

各级党组织要把学习活动作为一项重要政治任务来抓。对学习活动要认真部署，广泛动员，深入指导，定期分析，及时讲评，做到人员不留死角，动作不打折扣，效果不走过场。书记和班子成员要带头参加活动，带头撰写体会，带头落实行动。要教育引导共产党员、广大员工对照张富清同志比思想、比境界、比工作、比贡献，争当张富清式的优秀党员和优秀员工。要充分发挥群团组织的特殊优势，营造浓厚的学习氛围，有效教育引导群众、联系服务群众。总行党委对所属党委开展活动的情况，将专门进行检查指导，及时推广学习活动经验。

总行成立学习宣传张富清先进事迹活动领导小组，党委办公室、党委组织部、党委宣传部、党群工作部、湖北分行为成员，小组办公室设在党群工作部。各机构学习活动情况及时向领导小组报告。

中共中国建设银行委员会

2019 年 5 月 15 日

新时代，致敬英雄

——一论学习张富清精神

几个月来，一个建行离休干部的名字传遍了大江南北，印入了众人心田，激起了层层波涛。这个名字就是张富清。

在革命年代，张富清同志出生入死，立下赫赫战功，却深藏功名六十余载。在建设时期，他本有机会选择安逸，却主动到最艰苦的地方建功立业；到了晚年，甘愿平凡坚守，不计较个人得失。他的英雄事迹经人民日报、新华社、中央电视台等全国主流媒体报道后，总行下发向张富清同志学习的决定，党委书记、董事长田国立，党委副书记、行长刘桂平分别作出批示，在全行掀起学习张富清同志英雄事迹的高潮。

高山安可仰，徒此揖清芬。向张富清同志学习，就是要学习他忠诚担当、不忘初心的党员本色。在革命战争年代，张富清同志坚决做到“党指到哪儿，就打到哪儿”；在祖国建设时期，坚决做到“党让我去哪就去哪儿，哪里最艰苦就去哪儿”，真正把对党的绝对忠诚刻进心中、融入血脉。在中国特色社会主义新时代，每个建行人都应不忘建行初心，始终对党绝对忠诚，切实强化政治担当，在思想和行动上体现出建行人建设美好共产主义事业的坚定信仰、价值追求和思想风范，认真履行好党和人民赋予的神圣职责。

向张富清同志学习，就是要学习他不畏艰难、矢志奋斗的拼搏意志。张富清同志面对生死考验，无私无畏，主动请缨担任突击队员，当前锋打头阵、翻城墙炸碉堡，与敌人殊死搏斗，负伤不下火线。作为建行员工，就是要发扬张富清同志的这种奋斗精神，牢固树立“幸福都是奋斗出来的”理念，立足岗位，坚守职责，勤勉敬业，把个人理想自觉融入中国建设银行“三大战略”和第二曲线的宏伟愿景，敢于承担重任，在平常工作“看得出”、在关键时刻“站得出”、在危难关头“豁得出”，为建行转型发展做出新贡献。

向张富清同志学习，就是要学习他胸怀大局、不计得失的奉献精神。“我们有幸处在中国特色社会主义新时代，更有责于这个新时代、奉献于这个新时代。”这是习近平总书记在党的十九大报告中，向每一个中国人发出的新时代最强音。为支援地方建设，张富清同志响应国家号召，主动申请到条件最艰苦的来凤县工作；在国家精简工作人员时，率先动员妻子放弃“铁饭碗”。他数十年如一日，在国家最需要的时候挺身而出，在人民最需要的地方主动作为，展现了一名共产党员的高尚品格。广大员工要以张富清同志为榜样，把无私奉献当作人生价值最美的篇章，让奉献担当成为习惯，为建行转型发展添砖加瓦。

向张富清同志学习，就是要学习他深藏功名、居功不傲的谦和风骨。张富清同志九死一生、功勋卓著，他却从未对身边人提过半个字，一直珍藏在心中60余年，更不以此向组织要福利、要待遇。他让我们在敬仰的同时，内心感到深深的震撼。我们要学习和弘扬张富清精神，树立正确的人生观、价值观和事业观，正确把握利益关系，正确看待个人利益，正确对待个人得失，不为私心所扰，不为名利所累，不为物欲所惑，经得起诱惑、耐得住寂寞、抵得住浮躁，保持平静心，守住平常态，在工作中奉献才智、创造价值。

向张富清同志学习，就是要学习他淡泊名利、乐观向上的人生态度。“天清江月白，心静海鸥知。”多年来，张富清同志住着老房子、用着旧家具，吃着粗茶淡饭，过着清贫生活，88岁截肢仍乐观向上、坚持锻炼，靠着假肢和支架重新站了起来；95岁高龄仍然坚持每天读书看报、看电视新闻，他如同一股清流，给予我们绵绵不断的精神滋养。

伟大的时代呼唤伟大的精神，崇高的事业需要榜样的引领。我们要认真落实习近平总书记“三个能力”建设的批示精神，学习和弘扬张富清精神，把自己的梦想融入建行转型波澜壮阔的奋斗之中，做新时代的无名英雄。

《建设银行报》（2019年5月27日 第01版）

坚守共产党人的精神高地

——二论学习张富清同志忠诚担当、不忘初心的党员本色

习近平总书记在党的十九大报告中指出：“中国共产党人的初心和使命，就是为中国人民谋幸福，为中华民族谋复兴。”张富清同志的英雄事迹，感人至深，生动诠释了什么是革命军人的绝对忠诚，什么是共产党人的政治本色，什么是我们学习的榜样。

生死关头见忠诚。张富清同志1948年3月参军，8月入党，在壶梯山、东马村、临皋、永丰城等战斗中将生死置之度外，冲锋在前。特别是在永丰战役中，带领突击组，夜间上城，夺取敌人碉堡两个，缴机枪两挺。因在解放大西北系列战斗中英勇善战、舍生忘死，他曾荣立西北野战军特等功一次、军一等功一次、师一等功一次、师二等功一次和团一等功一次，被授予军“战斗英雄”称号、师“战斗英雄”称号和“人民功臣”奖章。

急难险重看担当。1955年初，已是连职军官的张富清面临退役

转业的人生转折。听说湖北西部恩施条件艰苦，急缺干部，他二话不说：“我可以去！”听说来凤县在恩施最偏远、最困难，没有丝毫犹豫，他又一口答应：“那我就去来凤。”此后几十年，张富清扎根来凤，从粮食局、三胡区、卯洞公社、外贸局，到建设银行，直至离休，他把余生献给了这片曾经毫无关联的大山。他说：“这里苦，这里累，这里条件差，共产党员不来，哪个来啊！”

沧海横流显本色。张富清同志即便95岁高龄，仍然坚持每天读书看报、看电视新闻，用他的话说“工作上离休了，思想政治上不离休”。他用六十余年矢志不渝的追求和坚守，鲜明地标注出共产党员坚定的理想信念和对党无限忠诚的政治品质。无论岁月怎样更迭，张富清同志始终牢记共产党员的政治使命，听从党的召唤，始终不忘自己在入党申请书上写下的“为共产主义事业奋斗到底”的庄严承诺，他用自己的实际行动为我们树起了一座不朽的精神丰碑。他的所作所为，不仅展现了一名共产党员的时代风范，而且诠释了一个共产党人对党和人民无限忠诚的政治本色，让我们看到了一名共产党员所达到的精神境界。

不忘初心，方得始终。为中国人民谋幸福，为中华民族谋复兴，是中国共产党人的初心和使命。这一初心和使命是激励中国共产党人不断前进的根本动力。建设银行作为国有大型金融机构，改革发展走到今天，也要不忘服务国家建设这个初心、服务实体经济这个使命。按照总行开展向张富清同志学习活动的决定要求，各分行要把深入开展向张富清同志学习活动作为学习贯彻习近平新时代中国特色社会主义思想和党的十九大精神的实际举措，持续深化“两学一做”学习教育，认真抓好“不忘初心、牢记使命”主题教育，引导全体员工树立“四个意识”，坚定“四个自信”，做到“两个维护”。要按照习近平总书记对建行提出的增强“三个能力”要求，紧紧围绕服务实体经济、防控金融风险、深化金融改革三大任务，认真履行好党和人民赋予的神圣职责，书写建行改革发展的新篇章。

往者不可谏，来者犹可追。每位党员也要发挥先锋模范作用，以张富清同志为榜样，把他的崇高精神，内化为自身的精神理念、价值追求，把忠诚担当和不忘初心融入实践，把智慧和力量凝聚到推动建行转型的宏伟实践中去，以奋发有为的行动书写无愧于时代的精彩答卷。

《建设银行报》（2019 年 5 月 28 日 第 01 版）

奋斗汇聚新时代建行力量

——三论学习张富清不畏艰难、矢志奋斗的拼搏意志

习近平总书记说过：“一个时代有一个时代的主题，一代人有一代人的使命。”不论在哪个时代，奋斗始终是前进的不竭动力。

从革命时期到社会主义建设时期，从改革开放到新时代，深存于血脉中的拼搏意志，是贯穿张富清一生的底色。

为有牺牲多壮志，敢教日月换新天。艰苦卓绝的革命年代，要奋斗就会有牺牲。面对生死考验，张富清在永丰之战中主动请缨担任突击队员，当前锋打头阵、翻城墙炸碉堡，与敌人殊死搏斗，负伤不下火线。正是这种一往无前的奋斗精神，为我们留下了一部精神史诗。

艰难困苦、玉汝于成。百废待兴的建设时期，要奋斗就要敢吃苦。1954 年 12 月，张富清从军委航空速成中学以优异成绩毕业后，作为战斗英雄和中央军委培养高级干部学校的学员，本可选择留在大城市工作，或者回陕西老家颐养母亲，但他却响应国家号召，前往最艰苦的来凤县，在千磨万击中历练人生，筑就了一座精神高地。

老骥伏枥，志在千里。高歌猛进的发展时期，要奋斗就要挑重担。调任卯洞公社革委会副主任期间，为实现辖区各管理区通公路，张富清主动提出把实施难度最大、覆盖面积最广、基础条件最差的高洞管理区分给自己。调任县建行副行长后，为保证企业按时还款，他年底打起被包，与工人们同吃同住，没产生一笔呆账。他88岁截肢，仍乐观向上、坚持锻炼，靠着假肢和支架重新站了起来。95岁高龄仍然坚持每天读书看报、看电视新闻……张富清在时代潮流中勇担重任，也在奋斗中成就了大我。张富清的人生是奋斗的人生，张富清的精神是奋斗的精神。

古之立大事者，不唯有超世之才，亦必有坚韧不拔之志。社会主义新时代，要奋斗就要勇担当。崭新的时代为建行提供了大展宏图的历史机遇，也为每一位建行人成长成才提供了广阔的舞台。随着新的金融业态不断出现，特别是随着大数据、区块链和人工智能等金融科技发展，正在加速改变银行的经营生态和竞争模式。我们要努力用金融的手段和力量推动解决发展不平衡不充分问题、解决社会难点痛点问题，助力供给侧结构性改革，推动总行战略快速落地，就需要走前人没有走过的路，趟前人没有趟过的河，更需要一代又一代建行人的接续奋斗。我们要学习张富清这种始终不渝的奋斗精神，越是风急雨骤，越需坚定信念；越是坎坷多艰，越要勇往直前。

困难无处不在，挫折难以避免，奋斗是新时代最美的姿态。对标张富清同志不畏艰难、矢志奋斗的典范，就是要发扬钉钉子精神，爱岗敬业，一步一个脚印抓落实；弘扬改革精神，敢啃“硬骨头”，坚定不移推动转型，切实把服务大众安居乐业，建设现代美好生活的宏伟蓝图变成现实。

让我们以张富清为榜样，带着永立潮头的理想和情怀，带着敢为人先的精神和勇气，勇做新时代的奋斗者，把“建行舞台”作为振翅高飞的平台，在不懈奋斗中彰显人生价值和责任担当。

《建设银行报》（2019 年 5 月 30 日 第 01 版）

在无私奉献中实现人生价值

——四论学习张富清胸怀大局、不计得失的奉献精神

奉献精神是中华民族世世代代自强不息的精髓。习近平总书记指出："我们共产党人讲奉献，就要有一颗为党为人民矢志奋斗的心，有了这颗心，就会'痛并快乐着'，再怎么艰苦也是美的、再怎么付出也是甜的，就不会患得患失。这才是符合党和人民要求的大奉献。"

奉献是一种真诚自愿的付出。战争年代，张富清为了解放事业当前锋打头阵，立下赫赫战功。建设时期，当听说湖北西部恩施条件艰苦，干部紧缺，他斩钉截铁地说："我可以去！"听说来凤县在恩施地区最偏远、最困难，他又掷地有声地回答："那我就去来凤！" 任职城关粮管所主任期间，张富清处处身先士卒，日夜加班加点。为了保障城市人口粮食供应，在母亲弥留之际，因工作繁忙未能见老母亲最后一面，一句"工作任务重"的背后，包含了太多的奉献和牺牲。

奉献是一种宽容大度的情怀。三年自然灾害时期，为了减轻国家负担，张富清率先动员妻子辞去公职，从供销社自动下岗。20 世纪

70年代，得知大儿子按政策可以安排到恩施市工作，他自作主张动员儿子下放到卯洞公社万亩林场去当知青，并且宽慰儿子：“如今乡村比城市更加迫切需要知识分子，我虽是你的父亲，但更是党的干部，如果我照顾亲属，群众对我怎么看？”儿子没有怨言，在酉水之滨的扎合溪林场住茅棚、砍火熠、开荒种地造林植树，一干就是几年。张富清的一言一行，生动诠释了一名共产党员胸怀大局、不计得失的高尚情操，为我们树立了新的标杆。

奉献是一种纯洁高尚的境界。调任卯洞公社革委会副主任后，张富清主动提出把实施难度最大、覆盖面积最广、基础条件最差的高洞管理区分给自己，连续4个多月与大家一起抡大锤、打炮眼、开山放炮，在悬崖绝壁上修筑公路，圆了高寒山寨两千多土家苗族儿女通公路的世代梦想。

春蚕到死丝方尽，人至期颐亦不休。人生在世，面对诱惑，看重什么、看轻什么，就像一把无形尺子，量出品格的厚度，标示境界的高度。张富清同志数十年如一日，在国家最需要的时候挺身而出，在人民最需要的地方主动作为，在本职岗位上，不讲条件、不求回报、不怕代价，日复一日、年复一年，甘愿付出自己的汗水、艰辛甚至生命，演绎了一幕幕感人至深的奉献之歌。

绿我涓滴，会它千顷澄碧。奉献，是一种高尚的情操，更是一种平凡的精神，奉献融会和渗透在我们日常的工作和生活中。无论时代发生怎样的变化，奉献永远是鼓舞和激励我们奋发向上的巨大力量，也是应当大力弘扬的时代精神。推进三大战略，实现第二曲线目标，更需要全体建行人齐心协力，埋头苦干，而奉献则是建行转型的精神支撑。

一灯如豆，万点星光。建行事业的发展，需要千千万万个脚踏实地的行动者和默默耕耘的奉献者。让我们行动起来，学习张富清同志，在奉献中实现自我价值，在实现自我价值中做出奉献。 –

《 建设银行报 》（ 2019 年 5 月 31 日 第 01 版）

功而不傲的从容令人仰止

——五论学习张富清同志深藏功名、居功不傲的谦和风骨

“三十功名尘与土，八千里路云和月。”岳飞的这首《满江红》描绘的大将风范，成为千百年来令人仰止的境界。张富清冲击我们心灵的，不仅仅是他浴血奋战、气吞骄虏的当年之勇，还有他安闲处淡几十年静水流深的光阴。

1948 年 6 月，张富清作为十四团六连战士，在壶梯山战役中任突击组长，攻下敌人碉堡一个、打死敌人两名、缴获机枪一挺，并巩固了阵地，使后边部队顺利前进，获师一等功；

1948 年 7 月，张富清作为十四团六连战士，带领突击组 6 人，在东马村消灭外围守敌，占领敌人一个碉堡，给后续部队打开缺口，自己负伤不下火线，继续战斗，获团一等功；

1948 年 9 月，张富清作为十四团六连班长，在临皋执行搜索任务，发现敌人后即刻占领外围制高点，压制了敌人封锁火力，完成了截击

敌人任务，迅速消灭了敌人，获师二等功；

1948 年 10 月，张富清作为十四团六连班长，在永丰战役中带突击组，夜间上城，夺取了敌人碉堡两个，缴机枪两挺，打退敌人数次反扑，坚持到天明，获军一等功。

1948 年 12 月，一封署名西北野战军司令员兼政委彭德怀、政治部主任甘泗淇、政治部副主任张德生的报功书，送到张富清的家里："贵府张富清同志为民族与人民解放事业，光荣参加我西北野战军第二纵队三五九旅七一八团二营六连，任副排长。因在陕西永丰城战斗中勇敢杀敌，荣获特等功，实为贵府之光、我军之荣。特此驰报鸿禧。"

1950 年，西北军政委员会颁布了《解放大西北人民功臣奖章条例》，张富清因为功勋卓著，被授予"人民功臣"奖章。纵队司令王震将军亲自给他佩戴军功章，西北野战军司令员彭德怀多次接见张富清……

国之英者，时之楷模。这是多么至高的荣誉！可张富清有功不居。1955 年退役后，他将包括"人民功臣"奖章在内的三枚军功章，和那些证书一起，装进了一只旧皮箱里……多年后，张富清想得更多的反而是那些同自己并肩作战的战友。比起那些牺牲的战友，他觉得自己已经很幸运。正是这种为国尽责的觉悟，他才视自己的一切付出都是理所当然，一生中从未向组织讲过任何条件、要过待遇、吐过怨言。

事了拂衣去，深藏身与名。张富清功而不傲。战争结束后，身经百战的张富清悄悄合上功劳簿，隐瞒了累累战功，带着创痛，没有选择回到朝思暮想的家乡，却前往最艰苦的来凤县，和千千万万的普通人一样，任劳任怨，辛勤工作。习近平总书记指出：越是党龄长、职务高、成绩大，越要谦虚谨慎、戒骄戒躁，而不能居功自傲，更不能把成绩和贡献当作向组织讨价还价的资本。张富清在和平年代不居功、不自傲，默默奉献的精神令我们肃然起敬，他留给我们的宝贵精神财富，是我们战胜一切困难、取得事业成功的力量源泉。

小隐隐于野，大隐隐于市。不论哪个时代，总有一种精神风骨长青。我们要以张富清同志为楷模，匡正人生价值坐标，正确看待个人利益，正确对待个人得失，不为私心所扰，不为名利所累，永葆铮铮风骨，不断开创建设银行的美好未来。

《建设银行报》（2019 年 6 月 3 日 第 01 版）

书写无愧于时代的精彩画卷

——六论学习张富清同志淡泊名利、乐观朴实的人生态度

君子之行，静以修身，俭以养德，非淡泊无以明志，非宁静无以致远。一个人的生命长度是有限的，但在有限的生命中活出的深度和广度，才能真正体现人生的价值和意义。张富清把个人追求与国家发展、社会进步紧密联结在一起，以淡泊名利、乐观朴实的人生境界和高尚品格，拓展了生命的维度，为我们留下了宝贵的精神财富。

战斗英雄、人民功臣、赤忱公仆、本色初心、崇高信仰、绝对忠诚……这些都是对张富清同志恰如其分的评价。而在他眼中，自始至终，自己只是一个忠于组织、忠于人民的普通党员。

宠辱不惊，看庭前花开花落；去留无意，望天边云卷云舒。从20世纪80年代初，张富清一家搬到现在仍居住的建行宿舍，30多年过去了，楼上楼下、左邻右舍都已翻修一新，老两口的家还是老样子。斑驳的墙壁，离休时建行赠送的一个木茶几，还在用；衣服

的袖口都烂了，还在穿；儿女们给他买的新衣服，他叠得整整齐齐放在箱子里。张富清和家人吃着粗茶淡饭，过着清贫生活，却每天乐乐呵呵按时读书报、看新闻，追求政治上的纯洁、思想上的进步、精神上的富有。一本2016年版的《习近平总书记系列重要讲话读本》，被他翻阅得封皮泛白。他豁然对待着人生中的进退，标注了生命的维度。时代发展浩荡向前，精神之火永不熄灭。我们要学习张富清同志的人格修养，涵养良好心态、提升人生境界，耐得住寂寞、守得住清贫、经得住诱惑，多做打基础、利长远的工作，在为建行事业奉献中成就精彩人生。

充满阳光的人，才能把温暖带给别人。88岁截肢的张富清，拒绝在轮椅上被照料，靠着一条腿和假肢、支架重新站了起来，在家里一遍一遍地练习走路。练习初期，因为走不稳经常摔倒，受伤流血的意外时有发生。经过近一年的锻炼，他就能拄着支架打扫卫生、买菜。有时嫌家人卫生做得不好，他还要再打扫一下。张富清的这种精神，是他人格修养到达一定境界后的自然流淌，也是一种精神上的自我需求，更是一笔弥足珍贵的精神财富。大千世界，滚滚红尘。为名而生存，为利而奔波的人不在少数。而真正淡泊名利、乐观朴实的人却屈指可数。今天，我们干事创业，就要学习张富清同志这种乐观朴实的精神。无论贫富贵贱、穷达逆顺，都要不忘初心，克服急功近利的浮躁，远离追名逐利的彷徨，脚踏实地干出一番事业，成就有价值的人生。

伟大的时代呼唤伟大的精神，崇高的事业需要榜样的引领。我们要学习和弘扬张富清精神，把淡泊名利、乐观向上转化为自己的信念动力，融入自觉行动，争做不务空名的行动者和兢兢业业的奉献者；牢记初衷、砥砺前行，把自己的梦想融入推动建行转型波澜壮阔的大潮，书写无愧于时代的精彩画卷。

《建设银行报》（2019 年 6 月 4 日 第 01 版）

坚守初心　奋力书写精彩人生

——张富清先进事迹在解放军和武警部队引起强烈反响

坚守初心、不改本色，朴实纯粹、淡泊名利——连日来，老英雄张富清的先进事迹在解放军和武警部队引起强烈反响。广大官兵纷纷表示，张富清老人是当代军人的榜样，要学习和弘扬他的奉献精神，积极投身强军实践，在为强军兴军伟大事业不懈奋斗中书写精彩人生。

中原某地，第83集团军某旅“大功三连”野营帐篷内，“士兵讲坛”活动详细讲述了张富清的先进事迹。“老前辈用实际行动诠释了一名共产党员的初心和本色，英雄事迹感人肺腑，实干精神令人敬重。”作为一支在抗日烽火中诞生的英雄连队，官兵们纷纷表示，要立足本职岗位，克服野外驻训恶劣条件，全身心投入实战化训练中，不断锤炼打赢本领。

在爆炸生死瞬间喊出“你退后、让我来”的“时代楷模”杜富国，通过广播、战友和妻子为其读报，聆听并学习了95岁老英雄张富清的感人事迹。目前仍处在康复治疗期间的杜富国，每天都要与伤痛顽强斗争。他说："面对新的人生挑战，我要以张富清同志为榜样，始终坚守初心，不改本色，保持革命军人的优良作风，在履行使命中实现人生价值，在强军征程上永不掉队！"

在庆祝人民海军成立70周年海上阅兵活动中光荣接受检阅的海军"贵阳舰"，全舰官兵集体学习了张富清的先进事迹后一致认为，读懂了张富清同志平凡而伟大、普通又崇高的人生故事，就能深刻理解信仰与坚守、奋斗与奉献的丰富内涵。在新时代的征程上，当代军人更要继承和发扬老前辈的精神，在强军之路上书写无悔人生、创造新的业绩。

"在革命与建设的万里征程上，正是有了千千万万个'张富清'的默默奉献、不懈奋斗，才能不断创造新的辉煌，夺取新的胜利。"空军广西边境某雷达站常年驻守在边防一线，把青春和汗水默默播洒在深山与云巅。张富清老人的先进事迹让雷达部队官兵们深有感慨："英雄无言，历史有痕。张老的崇高境界与英雄本色为我们树起了旗帜、立起了标杆。我们要以老英雄为榜样，树立革命军人正确的名利观、荣誉观与责任观，在履行神圣使命中实现人生价值，在推进强军事业中创造不凡业绩。"

战车轰鸣，长剑待发。正在执行任务的火箭军某导弹旅发射五营官兵个个豪情满怀，血脉贲张。"守得住骄傲，耐得住清贫，这才是默默无闻的真英雄。"深入学习张富清老英雄的感人事迹，连长喻海飞说，老英雄当年英勇作战不顾生死，我们今天就是要用这种精神激励发射架下的官兵始终追求胜利一往无前，把手中武器练到极致，随时准备利剑出鞘，决胜疆场。

“岗位在变，身份在变，但张富清对党忠诚、为党分忧、为民造福的本色始终没变。”武警重庆总队执勤第五支队政委卢金伟说，老英雄张富清一辈子初心不改、本色不变的感人事迹，犹如一座巍峨的精神丰碑，激励我们在逐梦之路上砥砺前行。

张富清原所在部队、新疆军区某团一直密切关注着有关张富清的报道。这个团的前身是贺龙、王震等老一辈无产阶级革命家亲自领率过的红军部队，也是1949年后王震将军进军新疆保留下来的唯一一支成建制作战部队。作为继承红军血脉薪火的传人，全团官兵为有张富清这样一位英雄前辈而自豪，更感到肩头沉甸甸的担子。团政委王英涛说：“英雄事迹彪青史，传承尚需后来人。历史的接力棒交到我们手中，我们全体官兵一定传承好老前辈的优良传统，把胜战的使命扛在肩头，猛打敢担当，猛冲不畏惧，猛追夺胜利，高标准完成好组织交给的任务，在新的历史起点上不断进取，奋发有为。”

（新华社北京5月30日电　记者黄明、张汩汩、于晓泉）

视频再现　至真至情

初心
向共产党员张富清学习

中国电信 4G
10:33
56%
为了曾经的誓言——95岁老党员英雄本色
新视频
2019-04-08 13:50:10
来源：新华社
09:00
原标题：《新华视点》为了曾经的誓言——95岁老党员英雄本色
【简介】
我来说两句...
900

中国电信 4G
10:34
55%
英雄无言——95岁老党员张富清的本色人生
新华全媒头条
2019-04-08 15:48:52
已关注
来源：新华社
语音播报
71年前，他是西北野战军的突击队员，冒着枪林弹雨，炸掉敌人四个碉堡，战功卓著，是董存瑞式的战斗英雄。
64年前，他退役转业，主动选择到湖北
我来说两句...
576

中国电信 4G
10:35
55%
对话95岁老党员张富清（一）｜为党为人民我可以牺牲一切
新视频
2019-05-24 18:02:50
已关注
来源：新华社
语音播报
03:48
【简介】
在战争年代，
他头皮被炸翻、满脸鲜血，
仍然奋勇向前，炸毁敌人碉堡；
我来说两句...
15

中国电信 4G
10:35
55%
对话95岁老党员张富清（二）｜这里苦，这里累，党员不来哪个来
新视频
2019-05-25 10:36:20
已关注
来源：新华社
语音播报
04:13
24岁，
在生与死之间，他选择冲锋在前，
在战火洗礼中成长为董存瑞式的战斗英雄。

中国电信 4G
10:36
54%
对话95岁老党员张富清（三）｜坚决听党的话，党叫做啥就做啥
新视频
2019-05-26 10:46:48
已关注
来源：新华社
语音播报
对话95岁老党员张富清
坚决听党的话，党叫做啥就做啥
03:57
【简介】他，是湖北来凤县95岁老党员、战斗英雄张富清。战争年代里，他是炸毁敌人碉堡的突击队员，为国家出生入死。但60多年来，他从不对别人讲过去的战功，甚至连亲生儿子都没有听过他的故事。他为何选择如此低调地生活？聆听一位老人的心

中国电信 4G
10:35
55%
张富清同志系列小故事（一）｜老英雄是这样被发现的
新视频
2019-05-24 19:53:19
已关注
来源：新华社
语音播报
01:39
原标题:张富清同志系列小故事（一）｜老英雄是这样被发现的
【简介】95岁战斗老英雄张富清入党71年，深藏功名60多年，淡泊名利，默默奉献，他的故事是如何被发现的呢？
记者：余国庆 王斯班 童思维（实习）

中国电信 4G 10:35 55%

张富清同志系列小故事（二）｜难忘永丰那一夜

新视频
2019-05-25 10:57:54
已关注

来源：新华社
语音播报

03:10

【简介】1948年解放陕西永丰的战斗中，张富清英勇作战，炸毁敌人碉堡两个，九死一生，立下赫赫战功。

记者：余国庆 王斯班 童思维（实习）

中国电信 4G 10:36 55%

张富清同志系列小故事（三）｜“我就用最便宜的，不能给组织添麻烦”

新视频
2019-05-26 10:43:17
已关注

来源：新华社
语音播报

01:44

原标题:张富清同志系列小故事（三）｜“我就用最便宜的，不能给组织添麻烦”【简介】在常人眼里，立了这么多战功，又是离休干部，张富清完全可以为自己的生活争取福利，可是他没有。1985年，张富清从中国建设银行来凤支行副行长的岗位上离

中国电信 4G 10:36 54%
张富清同志系列小故事（四）｜搪瓷缸
新视频
2019-05-27 10:54:55
已关注
来源：新华社
语音播报
01:25
原标题:张富清同志系列小故事（四）｜搪瓷缸
【简介】一个用了几十年，补了又补，虽不能再用，这个搪瓷缸却成为张富清一生中最重要的收藏之一。

中国电信 4G 18:06 38%
张富清同志系列小故事（五）｜88岁站起来
新视频
2019-05-28 10:33:15
已关注
来源：新华社
语音播报
原标题:张富清同志系列小故事（五）｜88岁站起来
【简介】2012年，88岁的张富清的左腿高位截肢。当家人和朋友以为他将靠轮椅度过余生的时候，张富清却奇迹般站了起来。

张富清同志系列小故事（六）｜老兵的军礼——写给父亲张富清的诗

新视频

2019-05-29 22:23:53

已关注

来源：新华社

▶ 语音播报

张富清，一个原本普通的名字，如今成为网络上的热搜关键词。

那个灿烂笑容，绽放在这位95岁老英雄的脸上，成为打动亿万国人的“时代表情”之一。

《新华视点》初心，从未改变

新视频

2019-06-04 15:09:48

已关注

来源：新华社

▶ 语音播报

原标题:《新华视点》初心，从未改变

【简介】

还记得你出发时的使命吗？

那是千万人为之追求、为之奋斗、为之牺牲的梦想。

为了它，你走向大漠戈壁，

走向荒凉孤岛，

泪目！这位深藏功名的95岁老兵用一生诠释初心永恒
新视频
2019-06-17 12:05:17
已关注
来源：新华社
▶ 语音播报
初心永恒
08:06
原标题：初心永恒
60多年深藏功名，一辈子坚守初心、不改本色。
我来说两句...
924

感人话语　至真至纯

张富清话语摘录

在部队，他保家卫国。到地方，他为民造福。60多年，他尘封功绩，不曾诉说。老英雄张富清用自己的朴实纯粹、淡泊名利书写精彩人生。信仰的种子一旦埋进心里，每句质朴的话都饱含深情。让我们一起致敬老英雄的这些话语。

很多人问：为什么要当突击队员？

▲“我入党时宣过誓，为党为人民我可以牺牲一切。”

负责来凤县退役军人信息采集的聂海波对老人多年来的“低调”十分不解。

▲“我一想起和我并肩作战的战士，有几多（多少）都不在了，比起他们来，我有什么资格拿出立功证件去摆自己啊，我有什么功劳啊，我有什么资格拿出来，在人民面前摆啊……”

▲“我没有向任何人说过，党给我那么多荣誉，这辈子已经很满足了。”

总会有人问：你为什么不怕死？

▲“有了坚定的信念，就不怕死……我情愿牺牲，为全国的劳苦人民、为建立新中国牺牲，光荣，死也值得。”

组织上对连职军官张富清说：湖北省恩施地区条件艰苦，急需干部支援。面对组织的召唤，他好像又回到军令如山的战场。

▲“作为党锻炼培养的一名干部，我应该坚决听党的话，不能和党讲价钱，党叫我到哪里去，就到哪里去。哪里艰苦，我就应该到哪里去。”

▲“这里苦，这里累，这里条件差，共产党员不来，哪个来啊！在战场上我死都没有怕，我还怕苦？”

20世纪60年代，国家正是困难时期，全面精简人员。担任三胡区副区长的张富清动员妻子从供销社“下岗”。

▲“这是国家政策，首先要从我自己脑壳开刀。你先下来，我才可以动员别个。”

子女们没有一个在父亲曾经的单位上班，也没有一个依靠父亲的关系找过工作。

有人劝张富清“灵活点儿”……

▲“我是国家干部，我要把我的位置站正。如果我给我的家属行方便，这不就是以权谋私吗？这是对党不廉洁，对人民不廉洁，我坚决不能做！”

1960年初夏，不到20天时间，张富清的老家接连发来两封电报：第一次，是母亲病危，要他回家；第二次，是母亲过世，要他回去处理后事。

▲“为什么没有回去呢？那时国家处于非常时期，人民生活困难，工作忙得实在脱不开身，只能向着家乡的方向，泪流满面，跪拜母亲……”

▲“自古忠孝难两全，作为一个共产党员，我怎能因为家事离开不能脱身的工作？”

新中国走过70年风风雨雨，张富清的岗位、身份一再改变，始终不变的，是他对党和国家的无限忠诚，对人民群众的赤子之心。

▲“在战场上也好，在和平建设时期也好，我就是完成了党交给我的任务，这都是我应该尽的职责，说不着有什么功。”

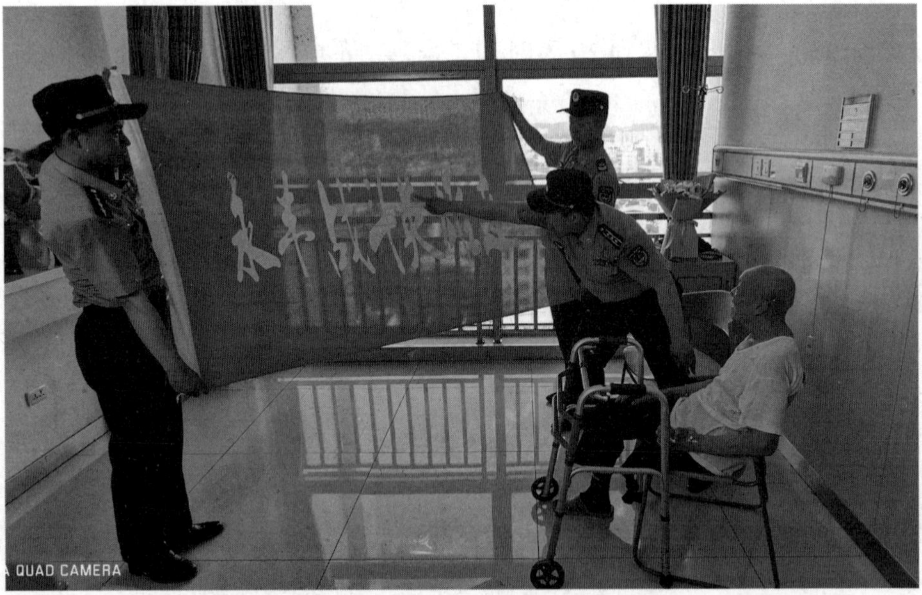

张富清所在老部队送来全连战士签名的红旗　余国庆 摄

代后记

践行“四力”
推动典型人物报道的探索创新

——《英雄无言》采写手记

用“脚力”寻找人物品格和力量的源泉，用“眼力”发掘人物精神的波纹，用“脑力”洞察人物思想的脉络，用“笔力”留住人物的“血肉”与灵魂。近年来，湖北分社坚持按照“四力”要求做好新媒体时代典型人物报道，传承新华社人物报道优良传统。

近期，由分社全媒体报道团队采写制作的《英雄无言——95岁老党员张富清的本色人生》深度报道和融媒体作品，反映湖北来凤县离休干部张富清，战功赫赫却深藏功名60余载，不忘初心、扎根山区、默默奉献、一生无悔的感人事迹，通过“新华全媒头条”栏目播发，取得优异传播效果和积极社会反响。

从数据看——截至目前，文字稿采用达190家；融媒体作品在新华社客户端总阅读量达350万；新华社微信推送一小时后阅读量即“10万+”，人民日报微信转发后也迅速“10万+”；新华视点微博秒拍播放量超 250 万；新华社抖音观看量达 500 万；人民日报根据新华社作品编发的抖音点赞超 560 万。

从用户反馈看——新闻信息中心《用户意见反馈》以《新媒体时代重大典型人物报道的新样本》为题，反映了业界同仁、学界专家和读者的积极评价，称赞报道“笔触有温度、拍摄有高度、表达有深度”，“极具感染力”。

从社会反响看——广大受众被作品所打动、所激励，通过各种途径表达感受。“向老一辈军人致敬！赤子之心，感人肺腑！”“这才是真正的英雄啊！”“希望毕业后也能到祖国最需要的地方去”……英雄老部队直言报道体现了新华社的地位和品格。

践行“脚力”，到生活中、历史中寻找“战斗英雄”

战斗英雄报道经历了近 4 个月时间的酝酿。去年底，记者了解到这一新闻线索后有些将信将疑——一位战功赫赫的战斗英雄，为何会在湖北省最偏远的地方深藏功名 60 余载，连儿女都不知情？他为什么要这样做？

分社迅速组织了强大的全媒体团队——除了分社主要负责同志和分社总编室相关负责人，还有总社国内部在分社挂职的副总编杨依军，有经验丰富、熟悉当地情况的文字记者谭元斌，有分社摄影部主任程敏、电视部主任余国庆，还有思维活跃的“90 后”新锐王斯班……对日常报道而言，如此阵容的团队的确少见。

3 月 28 日，带着些许崇敬、些许疑惑和还原新闻事实的责任感，报道组经过充分研判和准备，驱车 8 个多小时，赶赴恩施州来凤县。

在连续 5 天的采访过程中，团队按照践行“脚力”要求，坚持到生活中、历史中去寻找“战斗英雄”，力求从饮食起居、学习锻炼、人生经历、工作履历等方面去全面感知、认识、了解这位老人，把握捕捉人物的立体形象。

刚到达时，不巧，老英雄颈椎病复发住院了。团队当即回复：不着急，一切以老人的身体为重。大家一致认为，老人年事已高，采访宜从外围入手，全面掌握情况后再与老人面对面，集中问最核心的问题。于是，采访从外围开始，抽丝剥茧，层层深入。经手办理老英雄信息登记的信息采集员、老英雄的老同事和后辈、离休单位中国建设银行来凤支行的负责人、县里熟悉情况的热心同志、老英雄的妻子和儿子……团队克服困难，努力努力再努力，深入深入再深入，获取了大量独家信息和细节。

或许是被团队真诚的态度和扎实的作风所打动，此前谨遵父亲要求、刻意回避媒体记者的老英雄次子张健全最终答应接受采访。

在完成全部采访任务后，记者又赶到恩施州城，找到中国建设银行恩施州分行查阅老人的档案，对立功等关键信息逐一进行比对，确认没有任何出入后，这才返程。采访及查阅档案过程中，我们还特别了解了老人参军前和退役转业前的经历、履历，确保每一个可能的疑问都得到解答。

正是对“脚力”的不懈践行，深入生活、深入历史，深入群众、深入实际，为核心人物采访和作品最终呈现打下了坚实基础，也正是这样一份时代语境中确凿无疑的真实，赋予了报道打动人、鼓舞人、感召人、塑造人的力量和品格。

践行"眼力""脑力"，发掘"战斗英雄"的精神内核和时代意义

在采访过程中，我们用心去捕捉那些能打动人心的细节。当记者跟随张健全来到老人居住了30多年的家中时，昏暗的灯光、斑驳的墙壁、褪色的家具、阳台上整齐的绿植、写字台上的书和笔记、用了几十年补了又补的搪瓷缸……都无声而令人震撼地讲述着一个尘封已久却充满生命力的故事。我们感受到，这些细微之处，无不承载着老人真实的精神和生活状态。

为了确保视频和图片报道的表现力，团队对采访质量有着近乎苛刻的要求。在老英雄家中采访时，要求除了在场记者以外的人都要退场、退到楼下，以尽可能减少干扰因素、还原日常现场。正是在这种环境的精心营造下，张健全在镜头前几度落泪，并要求关闭摄像机。从来不接受采访的张健全，对着镜头朗读了那首他写给父亲的诗——

部队来人了
老兵心中掀起波澜
面对军装上的军徽
老兵用一条独腿坚强站立
缓缓举起右手
庄严地行上军礼……

从外围采访团队已经掌握英雄事迹的基本事实。在解放战争中，张富清参加永丰城等战斗，先后荣立一等功三次、二等功一次，被西北野战军记"特等功"，两次获得"战斗英雄"荣誉称号，其中一次为军甲等"战斗英雄"。几乎每次战斗，张富清都是突击队员，承担为大部队清障开路的艰巨任务。他先后炸掉敌人四个碉堡。

1955年，连职干部退役转业时，他响应号召到湖北省最偏远的来凤县工作。30年里，他像一块砖头，哪里需要就往哪里搬，处处发挥模范带头作用。为了给国家减轻负担，他动员妻子从供销社的"铁饭碗"下岗。家里遇到困难，他自己克服，从不给组织提要求。几个子女，没有一个在他曾经任职的单位上班。扎根来凤，远离家乡，母亲去世，他连最后一面都没能见上。

离休后，张富清不忘初心，坚持学习，思想毫不松懈。一本2016年版的《习近平总书记系列重要讲话读本》，被他翻阅得封皮泛白，很多地方做了标记。为了让子女"安心为党和人民工作"，88岁左腿截肢后他仍顽强地站了起来。没法再在工作岗位上为国家做贡献，他就琢磨着尽可能为国家节约，做眼部手术可以全额报销却选择最便宜的晶体。

在物质生活上，他艰苦朴素毫无所求，住的房子还是30年前的老样子，衣服的袖口都烂了还在穿。漫长的年月里，不论面对何种困难，张富清都把过去的功绩深埋心底。他究竟为什么从不在别人面前提起自己过去的功绩呢？带着这样的疑问，3月31日下午，报道团队终于见到了老英雄。

比想象中更加和蔼可亲、更加精神矍铄、更加满面红光——记者面前的老战士张富清，仿佛不是一位90多岁的老人。一个人内心一生秉持的精神，会由内而外地通过气质散发出来——那一刻，团队成员都有这样强烈的感触。精心设计的问题，层层深入的提问，让老英雄哭了、又笑了，记者也哭了、又笑了……一个对党忠诚、不怕牺牲、甘于奉献、乐观坚强的英雄形象，在记者的内心深深扎根、高高耸立起来……

有了外围的扎实采访，和老英雄面对面问的都是最核心的问题，而且尽量简短，不是你来我往式的讨论，而是提示和抛砖引玉，让老人诉说，我们倾听。就这样，95 岁的老人打开了话匣子，像一个孩子一样毫无保留地讲述藏在自己内心深处的故事。“和我并肩作战的战士，有几多（好多）都不在了。比起他们来，我有什么资格拿出立功证件去摆自己啊！我有什么功劳啊！”当他讲到死去的战友哽咽难言时，团队成员都忍不住跟着流泪。这也是整个报道最打动人心的一个镜头。

新华社社长蔡名照指出，践行“眼力”，既要见人之所见，更要察人所未察。采访中获得的这种独家的情感“爆点”，正是我们践行眼力的宝贵收获。

整个采访过程，其实也是一个践行“脑力”、体现思想功底的过程。采访过程中，团队成员不断思考、讨论，老人身上最核心、最本质的东西是什么？最后得出的结论是：本色。

这两个字也是我们后期完成报道的核心关键词，直接写进了题目中。不论是革命战争年代，还是和平建设时期，乃至离休后，老人都保持着一名共产党员的本色。“我入党时都作了宣誓，为党为人民我可以牺牲一切……”他用自己的一生践行了入党誓言。决死关头不放弃，和平年代不迷失，困难当前能泰然，享乐面前能淡然——这就是老人的英雄本色。在朝着实现中华民族伟大复兴中国梦不断迈进的今天，在全党上下“不忘初心、牢记使命”的今天，老人给广大党员树立了一面对照学习的镜子，这就是我们报道他的动力和意义所在。

诚如分社记者配发的评论所说，当我们在付出与回报之间患得患失时，当我们为偶尔失意而愤愤不平时，当我们因一时困难而垂头丧气时，当我们因理想和现实的距离而彷徨无措时……我们应该照照这面镜子，看看自己是不是在困难面前忘了誓言、在名利面前丢了初心，看看自己是不是偏离了出发时的方向。

践行“笔力”，将感动转化为全媒体传播力和社会影响力

“笔力”就是表现力，就是基于表现力的传播力、影响力、引导力。在这组稿件的采写制作过程中，我们深切地感受到，笔力必须建立在不断增强的脚力、眼力、脑力基础之上，必须建立在日复一日、年复一年对业务传承和创新的一贯追求之上。

新华社历史上涌现了一批有思想、有温度、有影响的人物报道名篇佳作。如《县委书记的榜样——焦裕禄》《领导干部的楷模——孔繁森》《在大海中永生——邓小平同志骨灰撒放记》《索玛花儿为什么这样红——记优秀共产党员、木里县马班邮路乡邮员王顺友》《生命，为祖国澎湃——追记海归战略科学家黄大年》……这些精品力作，正是因为记者以扎实的脚力、敏锐的眼力、深邃的脑力为基础，下足功夫，厚积薄发，蓄势待发，进而才有不朽的笔力，“下笔如有神”，波涛汹涌，激荡心灵，感动和影响亿万读者。

在采写《英雄无言》一稿过程中，我们认真思考、深情写作，努力把采访中那种深深的感动、深深的震撼、深深的敬佩、深深的启迪，自然而然地通过笔触表达出来。动笔前，深入采访、深入思考；写作时，一泻千里、一气呵成；成稿后，细细重读、反复打磨。相互的脑力和情感碰撞、不断的修改与雕琢提升……让这篇稿子越来越成熟，越来越具有震撼人心、打动人心、影响人心的力量。

一位学者评价说：从笔触中能看出作者的“克制”，而正是这种“克制”还原了真实，正是“克制”才凸显饱满。这句话说到了我们的心坎上。纵观那些“不太成功”的人物报道，有的是由于采访不够深入、情感不够投入而显得干巴巴、无法打动读者；也有的是由于感情表达太过充沛，读者难以自然而然地进入作者的“情感频率”，产生隔膜感。尤其是在节奏极快的移动传播场域，不少受众难以静下心来细细品味一篇几千字的文章，只有尽可能符合他们的日常心理和情感状态，才能吸引人、打动人。于是，我们就选择了“克制”，避免过多的感情直接抒发，而是通过细节描写，在事实的还原中传递情感；通过场景重现，在故事的讲述中激发共鸣。

文字稿正文近4000字，分为导语和九个小章节。各章节均以场景的描述开头，仿佛电影的场景转换。简洁的文字，人物关键节点时空串联，小章节不设标题，从张健全带着父亲一生珍藏的宝贝来到县人社局写起，设置悬念，此后进入倒叙，从战争年代写到今天，环环相扣，自然衔接。后面几个小章节，从学习、工作、生活、家庭、爱情等多方面体现老英雄的人物个性。尽量不用他人直接评价，而是在丰富的细节中让读者自然感受并得出结论。最后两个小章节，也是在场景的切换中，把“天气”和“地气”联结了起来，把过去和未来联系了起来，以老英雄次子的一首诗结尾，情感留白，意蕴深长。

在视频和图片的拍摄制作上，也可谓感情充沛、细节丰富。许多读者不看文字，单看图片、视频，也深深被感染、被打动。这既源于前期采访拍摄的扎实，如一个不含人物的空镜头重拍七八遍；也源于后期制作的匠心独运。由于短视频时长限制，5 分钟的微视频《本色》采取了主要由老英雄独白的表现手法，运用了大量蕴含丰富细节的镜头辅助展现。谈起当年战友牺牲时的哭，讲起不怕死更不怕苦时的笑，说到要保持和发扬精神时的喃喃自语，补了又补用了几十年的搪瓷缸，雪藏战功的旧皮箱……直观而多角度地展现了一位老党员平凡而又光辉的形象。照片平实而生动地表现了老英雄的日常生活点滴，极具代入感，让读者感到仿佛老英雄就在身边。

全媒体时代，文字稿写得再好、遇到再多“知音”，也不可能包打天下——这是从传播效果角度讲融合的必要性。这次报道从策划、采访到写作、制作再到播发、呈现的全流程、全链条，都鲜明地体现了“融合”二字。

写作和制作上，充分考虑新媒体传播特点，考虑年轻受众的信息获取和接受习惯，既虚心学习吸收新华社人物报道经典名篇的成功经验，又主动适应新的传播环境和舆论环境，有所继承、有所发扬、有所创新，完成了一组向经典致敬、向时代致敬、向创新致敬的融媒体作品。

播发和呈现上，在前期就充分考虑不同渠道、平台、终端的个性化分发需要。为了给微信编辑足够的时间和空间，记者在稿件播发几天前就联系新媒体中心编辑，提供了微视频初稿和文字初稿。编辑看后很感动，立即激发了创作热情，并为视频剪辑提供了宝贵建议。

互联网传播环境中，不仅要有“笔尖”之功，能“妙笔生花”，还要有“指尖”之力，达“刷屏之效”，既要当“大手笔”，也要做“键盘侠”……这次报道，让我们对新华社总编辑何平的阐述有了更加深刻的体会。

总之，这是一次成功的人物报道创新探索，也是一次成功的融合报道创新实践。分社通过这次报道，拓展了业务，锻炼了队伍，提升了报道传播力、影响力、引导力，积累了在全媒体条件下做好典型人物报道的宝贵经验，必将激励大家再接再厉，在未来打造更多更好的全媒体精品力作。

（新华社《新闻业务》2019 年第 16 期　唐卫彬　杨依军　谭元斌）